Das Einsteigerseminar

Ruby

Daniel Bovenspiepen

Das Einsteigerseminar
Ruby

Copyright © 2007 by
bhv, Redline GmbH, Heidelberg
www.bhv-Buch.de

11 10 09 08 07

10 9 8 7 6 5 4 3 2 1

1. Auflage

ISBN: 978-3-8266-7459-4

Printed in Germany

Inhaltsverzeichnis

A Teil III: Anwenden **185**

Vorwort

Es war einmal vor langer Zeit in einem weit entfernten Land ...

So oder so ähnlich würde ich dieses Buch wohl beginnen, wenn es sich bei der Geschichte von Ruby um ein Märchen handeln würde. Und tatsächlich pflastern beinahe alle Elemente, die ein Märchen auszeichnen, den Weg des Rubins. Ausgangspunkt unserer Geschichte ist das weit entfernte Japan. Dort veröffentlichte Yukihiro Matsumoto nach zweijähriger Entwicklungszeit im Jahr 1995 die erste Version einer bis dahin vollkommen unbekannten Sprache. Unbeeindruckt vom Erfolg, den Sprachen wie Java und Python in dieser Zeit verbuchen konnten, entwickelte sich Ruby in einer Art Quarantäne bis zur Jahrtausendwende unentdeckt von der restlichen Welt weiter. Im Jahr 2000 trat sie das erste Mal in mein Leben. Der große weltweite Durchbruch folgte vier Jahre später in Form des Webframeworks Ruby on Rails.

Zwölf Jahre nach Veröffentlichung der ersten Version schreiben wir das Jahr 2007 und Ruby gehört bereits zu den zehn am weitesten verbreiteten Programmiersprachen der Welt. Firmen wie Sun Microsystems und Microsoft (um nur die kleinsten zu nennen) investieren in die Sprache, um sie in ihren eigenen Produkten zu integrieren. Und in jedem anständigen Buchladen sollte sich bereits das eine oder andere Buch zum Thema Ruby finden. Eines davon halten Sie nun in den Händen.

Sie sehen, wie in einem Märchen entwickelte sich auf fabelhafte Art und Weise das schüchterne, teils vollkommen unbeachtete Wesen langsam, aber sicher zur Ballkönigin. Und das Beste: Dieses Märchen ist wahr.

Sollten Sie im Moment noch in der Buchhandlung stehen und sich überlegen, ob die Programmiersprache Ruby das Richtige für Sie ist, lassen Sie mich einige Dinge kurz zusammenfassen. Sollten Sie bereits zu Hause, auf dem Sofa liegend, das Buch studieren, brauche ich Sie selbstverständlich nicht mehr zu überzeugen. Sie können natürlich trotzdem weiterlesen.

Ruby ist freie Software. Sie haben damit die Möglichkeit, die Sprache für jeden nur denkbaren Zweck lizenzkostenfrei einzusetzen. Weiterhin erhalten Sie zusammen mit der Software auch den vollständigen Quelltext, der es Ihnen ermöglicht, mit entsprechendem Fachwissen die Sprache zu studieren und an eigene Bedürfnisse anzupassen.

Ruby ist plattformunabhängig. Es ist egal, ob Sie Mac OS X, LINUX oder Windows verwenden, Ruby fühlt sich auf jedem dieser Systeme daheim und bietet Ihnen Zugriff auf die jeweiligen Schnittstellen. So können Sie als Mac-Besitzer auf die Cocoa- und unter Windows auf die Win32-API zugreifen. Weiterhin wurde die Sprache POSIX-kompatibel entworfen und lässt sich dadurch nahtlos in ein jedes UNIX- oder auch LINUX-System integrieren.

Ruby ist anpassungsfähig. Wenn Sie ein Freund der Objektorientierung sind, werden Sie aus dem Staunen nicht mehr herauskommen, denn die Sprache wurde von Grund auf mit dem Gedanken der Objektorientierung entworfen. Sollte Objektorientierung für Sie ein Fremdwort sein, so können Sie aber auch mit prozeduralen oder funktionalen Techniken Ihr Ziel erreichen.

Ruby ist anders. Denn hier steht der Mensch im Mittelpunkt. Sie müssen sich nicht um Dinge kümmern, die Sie von der Problemlösung ablenken. Ruby kümmert sich darum, dass das, was Sie tun, auch vom Rechner verstanden wird. Die Sprache arbeitet nicht dogmatisch. Es wird kein Konzept über ein anderes gestellt. Sollte sich eine Lösung für ein bestimmtes Problem als praktisch herausstellen, so steht einer Verwendung nichts im Wege. Ruby wird Sie dazu beflügeln, den bestmöglichen Weg zur Problemlösung zu finden.

Ich könnte sicherlich noch seitenweise Behauptungen aufstellen, doch wenn Sie so schlau sind, wie ich denke, werden Sie mir ohne Beweise das Ganze eh nicht glauben. Deshalb möchte ich hiermit abschließen und Ihnen auf den nächsten 250 Seiten das entsprechende Basiswissen vermitteln. Sollte Ihnen während des Lesens etwas nicht plausibel erscheinen oder Sie sonstige Fragen, Anregungen oder Kritik äußern wollen, so besuchen Sie bitte meine Internetseite:

http://www.bovensiepen.net.

Daniel Bovensiepen

Einleitung

Ich höre und ich vergesse.
Ich sehe und ich erinnere mich.
Ich tue und ich verstehe.

Treffender als mit diesem chinesischen Sprichwort lässt sich das Konzept der Buchreihe »Das Einsteigerseminar« nicht beschreiben: Learning by doing! Lernen durch Tätigsein? Das klingt im ersten Moment sehr nach Arbeit und tatsächlich werden Sie wohl nicht umhinkommen, selbst aktiv zu werden, um einen schnellen und dauerhaften Lernerfolg zu erzielen – und das kann Ihnen auch diese Buchreihe leider nicht völlig abnehmen. Das Einsteigerseminar schafft allerdings die Rahmenbedingungen, um Ihnen diesen Weg so weit wie möglich zu erleichtern und ihn interessant zu gestalten. Eignen Sie sich mit der bewährten Einsteigerseminar-Methodik alle notwendigen theoretischen Grundlagen an, überprüfen und festigen Sie den erlangten Wissensstand durch wiederholende Fragen und Übungen und wenden Sie die erlernte Theorie schließlich anhand eines komplexen praktischen Beispiels an. Lernen – Üben – Anwenden: der sichere Weg zum Lernerfolg!

Lernen – Üben – Anwenden

Dieser Teil soll Sie mit den notwendigen theoretischen Grundlagen versorgen. Schritt für Schritt werden Sie mit den wesentlichen Programmfunktionen und Features vertraut gemacht. Nach der Durcharbeitung dieses Teils sollten Sie in der Lage sein, Problemstellungen selbstständig zu erfassen und mit den vorhandenen Programmfunktionen zu lösen. Die einzelnen Kapitel bilden abgeschlossene Lerneinheiten und können bei Bedarf auch unabhängig voneinander bearbeitet werden.

Lernen

Um Sie auf direktem Weg zum Ziel zu führen, liegt der Theorievermittlung ein problemlösungsorientierter Ansatz zugrunde. So finden Sie in der Randspalte die Problemstellung; die folgende Schritt-für-Schritt-Anleitung führt Sie zielgerichtet zur Lösung.

Üben

In diesem Teil geht es darum, Ihren theoretischen Wissensstand zu vertiefen und zu festigen. Dazu finden Sie diverse kapitelbezogene Fragen und Übungsaufgaben. Ausführliche, kommentierte Lösungen folgen direkt im Anschluss an die jeweilige Frage, damit der Lernfortschritt jederzeit sofort überprüft werden kann.

Anwenden

In diesem Teil schlagen wir eine Brücke zwischen Theorie und Praxis. Anhand eines komplexen, durchgängigen Praxisbeispiels wird die in Teil I erlernte Theorie angewendet und umgesetzt.

Inhalt und Aufbau des Buches

Teil I: Lernen

Der erste Teil dieses Buches umfasst 10 Kapitel. Diese sind in zwei Bereiche eingeteilt. Im Abschnitt »Die Sprache« werden Sie mit den Grundelementen der Programmiersprache Ruby vertraut gemacht. Im zweiten Abschnitt »Programme und Bibliotheken« werden weiterführende Programme und Programmbibliotheken erwähnt. Diese werden bei der täglichen Arbeit mit Ruby für Sie von Interesse sein.

Teil II: Üben

Beim zweiten Teil dieses Buches handelt es sich um den Übungsbereich. Hier werden Ihnen zu den Kapiteln Übungsaufgaben bereitgestellt, die Sie dabei unterstützen sollen, das Gelernte mithilfe von Wiederholungen zu vertiefen. Ich würde Ihnen empfehlen, nach jedem Kapitel aus dem ersten Teil das dazugehörige Übungskapitel zu absolvieren.

Teil III: Anwenden

Im letzten Teil des Buches geht es um eine Praxisaufgabe. Hier erstellen wir gemeinsam ein kleines Programm, mit dem Sie Fotos und deren Beschreibungen verwalten können. Anschließend besitzen Sie die Möglichkeit, daraus eine Internetseite zu erstellen. Die Praxisaufgabe endet mit einigen Ideen, die Sie über dieses Buch hinaus realisieren können.

Anhang

Der Anhang enthält Informationen zur Beschaffung und Installation von Ruby für die Betriebssysteme Mac OS X, GNU LINUX und MS Windows. Weiterhin wird erklärt, wie Sie Ruby-Programme ausführen können. Die Installation des Paketmanagers Rubygems wird ebenfalls beschrieben. Bitte beachten Sie, dass die hier beschriebenen Schritte die Vorraussetzungen für die Abarbeitung des Buches darstellen. Erst mit dem hier enthaltenen Wissen werden Sie in der Lage sein, die in den Teilen »Lernen«, »Üben« und »Anwenden« bereitgestellten Quelltextbeispiele selbst auszuführen.

Eine vollständige Ruby-Installation, so wie Sie im Anhang beschrieben wird, ist die Grundvoraussetzung für jedes Kapitel in diesem Buch.

Teil I: Lernen

◼ Die Sprache

Der erste Kontakt

In diesem ersten Abschnitt geht es nicht darum, Ihnen im Schnelldurchlauf die wichtigsten Elemente der Sprache zu erklären. Sehen Sie die folgenden Beispiele eher als Preview an, durch die Sie einen Eindruck und ein Gefühl für die Sprache erhalten. Sollten Sie das eine oder andere Beispiel nicht verstehen, so machen Sie sich keine Sorgen. Wenn Sie dieses Buch durchgearbeitet haben, können Sie den nachfolgenden Code genauso schnell lesen und verstehen, als wäre es ganz normaler Text.

Beginnen wir doch einfach mal mit einem kleinen Stück Code, der der Zeitberechnung dient:

Zeitberechnung

```
01   require 'date'
02
03   today, my_birthday = DateTime.now, DateTime.new(1984,
     6, 27)
04   weekdays = %w(Montag Dienstag Mittwoch
05     Donnerstag Freitag Samstag Sonntag)
06
07   print my_birthday.strftime("Ich wurde am %d.%m.%Y
     geboren.") + "\n"
08   printf "Das war vor %i Tagen.\n", (today -
     my_birthday).to_i
09   puts "Es war ein #{weekdays[my_birthday.wday - 1]}."
10   puts 'In der Kalenderwoche ' + my_birthday.cweek.to_s +
     '.'
```

Wenn ich diesen Code ausführe, erhalte ich am heutigen Tag das folgende Ergebnis:

```
Ich wurde am 27.06.1984 geboren.
Das war vor 8259 Tagen.
Es war ein Mittwoch.
In der Kalenderwoche 26.
```

Beim Überfliegen dieses Quelltextes sollten uns auf Anhieb einige Dinge ins Auge fallen. So orientiert sich die Sprache scheinbar am Englischen. Für die Leser unter Ihnen, die bereits mit einer Programmiersprache wie C, Basic, Java oder Pascal gearbeitet haben, sollte dies nichts Neues sein. Weiterhin wird eine Anweisung mit einem einfachen Zeilenumbruch beendet. In Zeile 7 bis 10 sehen wir, dass es in Ruby für ein und dieselbe Aufgabe scheinbar mehrere unterschiedliche Anweisungen gibt. Dies ist ein wichtiges Konzept von Ruby, über das Sie in Zukunft sicherlich öfter stolpern werden. Nun wollen wir den ganzen Quelltext noch einmal genauer begutachten:

- Zeile 1 bindet die Standardbibliothek für Datumsfunktionen hinzu.

- In Zeile 3 werden die beiden Objekte today und my_birthday initialisiert. today erhält hierbei das aktuelle Datum (now), my_birthday dagegen das in der Vergangenheit liegende (27. Juni 1984).

- Initialisierung einer Liste (*Array*) von Wochentagen in Zeile 4.

- Ab Zeile 7 bis 10 benutzen wir unterschiedliche Methoden, um Zeichenketten auf dem Standardausgabegerät (aktuell die Konsole) zu schreiben.

Objekt-orientierung

Weiter geht es mit einem etwas komplexeren Beispiel:

```
01   class Human
02     def initialize(name)
03       @name = name
04     end
05
06     def introduce
07       puts "Hallo, mein Name ist #{@name}."
08     end
09   end
10
11   class Singer < Human
12     def sing(text)
```

```
13          puts "#{@name}: '#{text}'"
14      end
15  end
16
17  daniel = Human.new 'Daniel'
18  daniel.introduce
19
20  lafee = Singer.new('LaFee')
21  lafee.introduce
22  lafee.sing 'Nachts.. Es ist Nacht..'
```

Ergibt:

```
Hallo, mein Name ist Daniel.
Hallo, mein Name ist LaFee.
LaFee: 'Nachts.. Es ist Nacht..'
```

Was wir hier sehen, ist der naive Ansatz, unsere menschliche Spezies in das Klassensystem von Ruby zu zwängen. Wir erstellen eine Klasse namens Human, die die Fähigkeit besitzt, einen Namen (@name) anzunehmen und diesen über eine eigene Methode (introduce) wieder auszugeben. Im Anschluss daran erstellen wir eine zweite Klasse namens Singer, welche von der Klasse Human erbt. Damit besitzt auch diese Klasse die Möglichkeit, einen Namen zu besitzen und diesen auszugeben. Zusätzlich geben wir der neuen Klasse die Fähigkeit zu singen (sing). Schlussendlich initialisieren wir anhand dieser Baupläne zwei Objekte, die die genannten Fähigkeiten benutzen. Etwas genauer noch einmal Schritt für Schritt:

- In Zeile 1 beginnen wir eine Klassendefinition mit dem Schlüsselwort class. Dieses Schlüsselwort ist von Ruby reserviert und darf in einem anderen Kontext nicht verwendet werden. Die Klassendefinition reicht bis Zeile 9 und wird dort mit dem Schlüsselwort end abgeschlossen.

- In Zeile 2 wird mithilfe des Schlüsselwortes def die Methode initialize definiert. Bei dieser Methode handelt es sich um den *Konstruktor*, der beim Initialisieren des Objekts aufgerufen wird. Mit dem Schlüsselwort end wird diese Methode in Zeile 4 abgeschlossen.

- Der Methode `initialize` wird beim Aufruf ein Übergabeparameter mitgegeben, der den Bezeichner `name` trägt. In Zeile 3 wird der Wert hinter diesem Bezeichner in der Objektvariablen `@name` hinterlegt.

- Die Zeilen 6 bis 8 definieren eine weitere Objektmethode (`introduce`), die auf der Standardausgabe (aktuell die Konsole) eine Zeichenkette ausgibt.

- Die Klasse `Singer` wird in Zeile 11 bis 15 deklariert. Dabei wird in Zeile 11 mit dem Operator < und dem Bezeichner `Human` eine Vererbung durchgeführt.

- Die Methode `sing`, die in den Zeilen 12 bis 14 definiert ist, gibt eine Zeichenkette aus.

- In den Zeilen 17 bis 22 wird von den beiden Klassen jeweils ein Objekt initialisiert. Es wird das `Human`-Objekt `daniel` und das `Singer`-Objekt `lafee` erzeugt. Anschließend werden die zuvor deklarierten Methoden aufgerufen.

Codeblöcke

Im folgenden Beispiel sieht man, dass zusammengehöriger Code zu einer Blockstruktur zusammengefasst werden kann. Blöcke sind sehr praktische Konstrukte und haben den folgenden Aufbau:

```
01   def repeat_text(count)
02     count.times do
03       yield
04     end
05   end
06
07   repeat_text(5) do
08     puts 'Abrakadraba fuenf mal Schwarzer Kater'
09   end
```

Ergibt nach Ausführung:

```
Abrakadabra fuenf mal Schwarzer Kater
Abrakadabra fuenf mal Schwarzer Kater
Abrakadabra fuenf mal Schwarzer Kater
Abrakadabra fuenf mal Schwarzer Kater
Abrakadabra fuenf mal Schwarzer Kater
```

In diesem Beispiel erstellen wir eine Methode mit dem Namen `repeat_text`. Diese erwartet als Übergabeparameter eine Zahl und einen Codeblock. Dieser Block wird innerhalb der Methode mit dem Schlüsselwort `yield` aufgerufen.

- Die Zeilen 1 bis 5 definieren die Methode `repeat_text`, die einen Übergabeparameter erwartet und diesen unter dem Bezeichner `count` zur Verfügung stellt.

- In Zeile 2 wird die Methode `times` des Übergabeparameters `count` aufgerufen und ein Block an diese Methode übergeben. Innerhalb dieses Blocks wird das Schlüsselwort `yield` verwendet, das wiederum den Block der Methode `repeat_text` aufruft. Ein Block beginnt in Ruby mit dem Schlüsselwort `do` und endet mit dem Schlüsselwort `end`.

- Die Methode `repeat_text` wird nun in Zeile 7 aufgerufen. Es wird ihr der Parameter 5 und ein Codeblock (Zeile 8) übergeben.

Ein Stück Ruby-Code kann jedoch auch wie folgt aussehen:

Einzeiler sind schlecht lesbar

```
01  def a(&a);yield(a,10);end;a{|a,i|(i==1)?(print "los
    gehts!\n"):(print "#{i-=1}...";a.call(a,i))}
```

Dieser Einzeiler ist ein gutes Beispiel dafür, dass Zeilenumbrüche und sprechende Bezeichner in Ruby wie auch in anderen Programmiersprachen überlebenswichtig sind. In unseren vorherigen Beispielen habe ich behauptet, dass eine Anweisung in Ruby mit einem Zeilenumbruch beendet wird. Dies ist soweit richtig, jedoch bietet Ihnen Ruby auch die Möglichkeit, mithilfe eines Semikolons eine Anweisung abzuschließen. Damit ist man nun in der Lage, in ein und dieselbe Zeile mehr als eine Anweisung zu schreiben. Das optische Resultat kann in Einzelfällen durchaus sinnvoll und besser lesbar sein, jedoch endet es oft in einem Desaster. Aus diesem Grund empfehle ich Ihnen, großzügig mit Zeilenumbrüchen und sprechenden Bezeichnern zu arbeiten.

Bevor ich es vergesse, das Resultat dieses Codeabschnitts sieht so aus:

```
9...8...7...6...5...4...3...2...1...los gehts!
```

 **TIPP** Verwenden Sie Zeilenumbrüche und Einrückung, um Ihren Quelltext lesbarer zu gestalten.

In Zeile 1 wird eine Methode mit dem Namen a definiert. Dieser kann als Übergabeparameter ein Block übergeben werden. Anschließend wird dieser Block aufgerufen und erhält als Übergabeparameter rekursiv erneut den eigenen Block und als zweiten Parameter die Zahl 10. Am Ende wird die Methode a aufgerufen. Es wird ein Block übergeben, der eine boolesche Prüfung auf den zweiten Übergabeparameter durchführt. Ist dieser Parameter bereits eine 1, wird der Text los gehts auf der Konsole ausgegeben. In jedem anderen Fall wird die Zahl mit 1 subtrahiert und auf der Konsole mit Punkten ausgegeben. Anschließend wird der Block rekursiv erneut aufgerufen. An dieser Stelle sei gesagt, dass Sie ein solches Stückchen Code höchstens zu Lehrzwecken bzw. aus reinem Spaß schreiben sollten. Bei der praktischen Verwendung sollten Sie sich zweimal überlegen, solchen schlecht lesbaren Code zu erzeugen.

Vorhandene Klassen können erweitert werden

Unser letztes Beispiel verdeutlicht die Dynamik, die uns mit Ruby zur Verfügung gestellt wird:

```
01   class String
02     def word_count
03       frequencies = Hash.new 0
04       downcase.scan(/\w+/) do |word|
05         frequencies[word] += 1
06       end
07       frequencies
08     end
09   end
10
11   puts 'Ein Text ist ein einfacher
         Test.'.word_count.inspect
```

Ergibt:

```
{"text"=>1, "einfacher"=>1, "test"=>1, "ist"=>1, "ein"=>2}
```

Das Resultat sollte verständlich sein. Wir haben die Wörter in einer Zeichenkette gezählt. Nur, wie war dies möglich? Wir haben hierzu die Standardklasse String geöffnet und um die neue Methode word_count erweitert. Im Anschluss wenden wir auf eine Zeichenkette diese Methode an und geben uns mit der Methode inspect eine menschenlesbare Zeichenkette der erzeugten Struktur zurück.

■ In den Zeilen 1 bis 9 öffnen wir eine bereits vorhandene Klasse namens String. In Ruby kann man jederzeit und an jedem Ort eine bereits definierte Klasse wieder öffnen und nach eigenem Geschmack anpassen.

■ Die Methode word_count wird in Zeile 2 bis 8 definiert. Damit besitzt nun jede Zeichenkette, die es in Ruby gibt, diese Methode.

■ Innerhalb der Methode word_count erzeugen wir eine nicht sortierte Liste mit einem Objektindex (Hash) namens frequencies. Im Anschluss iterieren wir wortweise über die Zeichenkette und legen für jedes Wort einen neuen Index im Hash frequencies an. Hinter diesem Index wird die Anzahl der auftretenden Wörter vermerkt. In Zeile 7 sehen wir eine weitere Besonderheit von Ruby. Statt explizit anzugeben, dass eine Methode einen Rückgabewert besitzt, gibt Ruby automatisch den letzten Wert, der innerhalb einer Methode auftritt, an den Aufrufer zurück. Dies bedeutet, dass unsere Methode word_count am Ende einen Hash mit sämtlichen Wörtern und der dazugehörigen Anzahl zurückgibt.

L2 Zeichenketten und Zahlen

Egal welches Buch ich in die Hände nahm und welches Seminar zum Thema Programmiersprachen ich besuchte – in jedem begann der Autor bzw. Seminarleiter mit dem Urschleim der Softwareentwicklung. Es geht bei diesem um Zahlen und Zeichenketten. Und da sich dieses Konzept scheinbar etabliert und als brauchbar erwiesen hat, bilde ich mir nicht ein, es besser zu wissen, und folge diesem Schema, indem ich Ihnen nun zeige, wie Sie mit Ruby Zahlen und Zeichenketten darstellen und bearbeiten können.

Wenn Sie in einem Konferenzsaal, gefüllt mit Informatikern, die Frage stellen, welcher Datentyp denn nun der bedeutendste und wichtigste ist, werden einige der Antworten »Boolean« lauten. Andere Urgesteine der Informatik werden unter Gelächter Pointer erwähnen. Und wiederum andere werden mit »Integer« antworten. Ich halte sämtliche dieser Antworten für grundsätzlich falsch. Denn die Frage nach dem bedeutendsten und wichtigsten Datentyp sollte nicht von den Bedürfnissen einer Rechenmaschine abhängig sein, sondern vielmehr die Anforderungen eines Menschen widerspiegeln. Und wenn wir die Frage mit diesem Gedanken im Hinterkopf erneut stellen, kann die Antwort nur wie folgt lauten: Der wichtigste Datentyp ist die Zeichenkette. Stellen Sie sich vor, wie Sie ohne diesen Datentypen mit anderen Menschen kommunizieren würden? Wie würden Sie eine Pizza bestellen oder Ihre Gedanken für die Nachwelt fixieren? Es ist klar, dass Zeichenketten unser Leben bestimmen. Und da ich am Anfang dieses Buches erwähnte, dass Ruby den Menschen in den Mittelpunkt stellt, sollte es selbstverständlich sein, dass es unglaublich einfach ist, in Ruby eine Zeichenkette darzustellen, zu manipulieren und auszugeben.

Zeichenketten

Um eine Zeichenkette zu erstellen, gibt es in Ruby aberwitzig viele Möglichkeiten:

```
01    puts String.new("Dies ist eine Zeichenkette.\n")
02    puts 'Dies ist eine Zeichenkette.' + "\n"
03    puts "Dies ist eine Zeichenkette.\n"
04    puts %/Dies ist eine Zeichenkette\n/
05    puts %q/Dies ist eine Zeichenkette./ + "\n"
06    puts %Q/Dies ist eine Zeichenkette\n/
07
08    puts <<STRING
09    Dies ist eine Zeichenkette
10    STRING
11
12    puts <<-STRING
13    Dies ist eine Zeichenkette
14      STRING
```

Bevor wir nun weitermachen, müssen Sie sich Folgendes bewusst machen: Alle hier gezeigten Varianten haben exakt das gleiche Resultat, können sich aber bei der Verwendung unterschiedlich verhalten.

- Es werden insgesamt acht unterschiedliche Arten gezeigt, wie man eine Zeichenkette in Ruby erstellen kann.

- Bei den Beispielen in Zeile 2 und 5 handelt es sich um *Single-Quoted Strings*.

- Die Zeilen 1, 3, 4, 6, 8 bis 10 und 12 bis 14 zeigen *Double-Quoted Strings*.

- Zusätzlich wird in Zeile 8 bis 10 und 12 bis 14 jeweils ein *Here Document* verwendet, um eine Zeichenkette zu erstellen.

Single- und Dobule-Quoted Strings? Was um alles in der Welt sind *Single-* bzw. *Double-Quoted Strings*? Es handelt sich hierbei um die Fähigkeit, in einer Zeichenkette zusätzliche Formatierungen zu hinterlegen. So kennen und nutzen wir sicherlich alle Zeilenumbrüche, um längere Texte lesbarer zu gestalten. Dieses Konzept auf Ruby übertragen, würde zu folgendem Ergebnis führen:

```
01   puts "Erste Zeile
02   Zweite
03   Dritte"
```

Ergibt:

```
Erste Zeile
Zweite
Dritte
```

Dies funktioniert schon mal sehr gut, sieht aber optisch jetzt nicht wirklich kompakt aus. Stattdessen können wir die Escape-Sequenz \n einsetzen, um einen Zeilenumbruch textlich darzustellen: **Escape-Sequenzen**

```
01   puts "Erste Zeile\nZweite\nDritte"
```

Es handelt sich hierbei natürlich um eine Geschmackssache, aber der größere Teil der Entwickler, die ich kenne, hält diese Art der Formatierung für übersichtlicher. Ein anderes Beispiel wären Tabs. Stellen Sie sich vor, Sie wollen einen Text mit Tabulatoren formatieren. Der erste Ansatz würde wie folgt aussehen:

```
01   puts "Erste SpalteZweiteDritte"
```

Die alternative Escape-Sequenz wäre \t und würde in der Anwendung so aussehen:

```
01   puts "Erste Spalte\tZweite\tDritte"
```

Sie sehen, mit den richtigen Escape-Sequenzen können Sie auch einigen Platz sparen. Aber unsere ursprüngliche Frage lautete ja eigentlich: Was sind Single- bzw. Double-Quoted Strings? Nun, ganz einfach: Bei Double-Quoted Strings funktionieren diese Escape-Sequenzen. Single-Quoted Strings ignorieren sie stattdessen. Beispiel gefällig? **Der kleine Unterschied zwischen " und '**

Lernen 2: Zeichenketten und Zahlen

```
01   puts "Erste Zeile\nZweite\nDritte"
02   puts 'Erste Zeile\nZweite\nDritte'
```

Ergibt nach Ausführung:

```
Erste Zeile
Zweite
Dritte
Erste Zeile\nZweite\nDritte
```

Sie sehen, dass die Zeichenkette mit den doppelten Anführungszeichen (Double-Quoted String) die Zeilenumbrüche verarbeitet. Die Zeichenkette in einfachen Anführungszeichen (Single-Quoted String) ignoriert sämtliche Befehle ganz einfach.

Damit sind wir aber noch nicht am Ende der Fähigkeiten eines Double-Quoted String angelangt. Denn Escape-Sequenzen sind nicht das Einzige, was in einer solchen Zeichenkette eingefügt werden kann:

```
01   puts "42 + 3 = #{42 + 3}"
02   puts '42 + 3 = #{42 + 3}'
```

Ergibt:

```
42 + 3 = 45
42 + 3 = #{42 + 3}
```

Was ist passiert? Nun wir können mithilfe des Konstruktes #{...} einen beliebigen Ausdruck in einer Zeichenkette hinterlegen. Beim Initialisieren wird dann der Ausdruck ausgewertet und das zurückgegebene Objekt in einen String umgewandelt, dieser wird schlussendlich in die Zeichenkette integriert. Wie wir sehen, funktioniert auch dieses Konstrukt nur in einem Double-Quoted String.

Die letzte wichtige Escape-Sequenz verbinde ich einmal mit einem Rätsel. Was würden Sie tun, wenn Sie in einer Zeichenkette selbst ein einfaches oder doppeltes Anführungszeichen verwenden wollen? Mir würde auf Anhieb so etwas einfallen:

```
01   puts "Sprecher: 'Mein Dialogtext ist in einfachen
     Anführungszeichen'"
02   puts 'Sprecher: "Mein Dialogtext ist in doppelten
     Anführungszeichen"'
```

Ergibt erwartungsgemäß:

```
Sprecher: 'Mein Dialogtext ist in einfachen
     Anführungszeichen'
Sprecher: "Mein Dialogtext ist in doppelten
     Anführungszeichen"
```

Es ist also möglich, in einem String, der in einfache Anführungszeichen gesetzt ist, doppelte Anführungszeichen zu verwenden.
Andersherum funktioniert es auch, aber wie sieht es aus, wenn
wir beide Arten benötigen?

```
01   puts 'Sprecher: "Sprecher's Dialogtext hat nun ein
     Deppenapostroph"'
```

Ergibt:

```
parse error, unexpected tIDENTIFIER, expecting $
```

Nun, dies ist zumindest ein nicht gewolltes Ergebnis. Aber ist es
auch ein unerwartetes? Ich würde sagen: Nein. Denn jede Zeichenkette, die wir beginnen, muss auch beendet werden. Und
wenn wir die einfachen öffnenden und schließenden Anführungszeichen zählen, werden wir eine ungerade Zahl erhalten.
Was bedeutet, dass wir an einer Stelle zwar eine Zeichenkette
öffnen, sie aber nicht ordnungsgemäß schließen. Wenn wir nun
in einer Zeichenkette doppelte und einfache Anführungszeichen
verwenden, woher soll der Interpreter wissen, welches Anführungszeichen den String beendet und welches zum Text
gehört? Die Antwort ist: Er kann es nicht wissen und wird deshalb eine Fehlermeldung ausgeben. Wir müssen an dieser
Stelle Ruby unter die Arme greifen und dabei unterstützen, die
richtigen Anführungszeichen zu wählen. Um dies sicherzustel-
len, müssen wir einfach die zum Text gehörigen Zeichen entwerten, und zwar mit dem bereits bekannten Backslash \.

```
01    puts 'Sprecher: "Sprecher\'s Dialogtext hat nun ein
      Deppenapostroph"'
```

Dieser Ausdruck erzeugt folgende erwartete Ausgabe:

```
Sprecher: "Sprecher's Dialogtext hat nun ein
      Deppenapostroph"
```

Alternative Zeichenketten-Begrenzer

Damit hätten wir das gewünschte Resultat. Aber wir würden hier nicht Ruby verwenden, wenn dies die einzige Möglichkeit wäre. Denken Sie nur einmal daran, wie aufwendig es wäre, einen längeren Text durchzugehen und sämtliche Anführungszeichen so zu entwerten. Da macht es doch schon eher Sinn, die Textbegrenzer, die eine Ruby-Zeichenkette umhüllen, zu ändern. Wenn wir in unserem Text z.B. sehr oft die unterschiedlichen Anführungszeichen verwenden, aber niemals einen *Slash* (/), wäre es doch nur das Normalste der Welt, Ruby zu sagen: Verwende als Begrenzer nun den Slash und ignoriere die Anführungszeichen einfach. Und gesagt, getan, so etwas lässt sich wie folgt schreiben:

```
01    puts %q/Sprecher: "Sprecher's Dialogtext hat nun ein
      Deppenapostroph"/
```

Und damit nicht genug, wir können jedes erdenkliche Zeichen als Begrenzer verwenden:

```
01    puts %q#Sprecher: "Sprecher's Dialogtext hat nun ein
      Deppenapostroph"#
02    puts %q.Sprecher: "Sprecher's Dialogtext hat nun ein
      Deppenapostroph".
03    puts %q!Sprecher: "Sprecher's Dialogtext hat nun ein
      Deppenapostroph"!
04    puts %q$Sprecher: "Sprecher's Dialogtext hat nun ein
      Deppenapostroph"$
05    puts %q&Sprecher: "Sprecher's Dialogtext hat nun ein
      Deppenapostroph"&
06    puts %q=Sprecher: "Sprecher's Dialogtext hat nun ein
      Deppenapostroph"=
```

Einziger Wermutstropfen ist die Tatsache, dass wir als Begrenzer nur ein einzelnes Zeichen verwenden können. Und da die Wahrscheinlichkeit doch sehr hoch ist, dass ein solches Zeichen direkt in der Zeichenkette vorkommt, bleibt uns nichts anderes übrig, als diese zu lokalisieren und zu entwerten. Aber Sie können es sich natürlich schon denken: Ruby besitzt auch eine Möglichkeit, einen Begrenzer zu verwenden, der aus mehr als einem Zeichen besteht. Diese Konstrukte werden *Here Documents* genannt und erzeugen bei sehr vielen Einsteigern oft Panikattacken. Aber keine Angst, das ist beinahe unbegründet. Schauen Sie sich einfach mal das folgende *Here Document* an:

```
01   puts <<BEGRENZER
02   Diese Zeichenkette enthält ein paar Sonderzeichen.
03   !"§$%&/()=?[]|{}+*#'-_.:,;<>@
04   BEGRENZER
```

Dies ergibt:

```
Diese Zeichenkette enthält ein paar Sonderzeichen.
!"§$%&/()=?[]|{}+*#'-_.:,;<>@
```

Und das Geheimnis dieses Konstrukts? Ein *Here Document* wird mit dem Operator << eingeleitet. Direkt dahinter kommt eine beliebige Zeichenkette. Bei dieser handelt es sich um den Begrenzer unserer Zeichenkette. Abgeschlossen wird er mit einem Zeilenumbruch. Ab hier beginnt unsere Zeichenkette, die alle nun kommenden Zeichen aufnimmt (inklusive Zeilenumbrüchen und Einrückungen). Dieses Konstrukt kann nur mit einer Wiederholung des zu Beginn definierten Begrenzers beendet werden. Dieser muss direkt am Anfang der Zeile stehen. Sollten Sie ein Leerzeichen oder ein anderes Zeichen davorsetzen, so wird auch dieser Bezeichner vom *Here Document* verschluckt. Zur Verdeutlichung ein weiteres Beispiel:

```
01   puts <<ENDE
02   Dies ist unsere Zeichenkette.
03      Eine zweite Zeile mit Einrückung.
04      Wir verwenden in der nächsten Zeile unseren
     Begrenzer.
```

```
05    ENDE
06    Jedoch befindet sich ein Leerzeichen vor dem Beginn.
07    Erst in der nächsten Zeile ist das Ganze zu Ende.
08    ENDE
```

Ergibt:

```
Dies ist unsere Zeichenkette.
  Eine zweite Zeile mit Einrückung.
Wir verwenden in der nächsten Zeile unseren Begrenzer.
ENDE
Jedoch befindet sich ein Leerzeichen vor dem Beginn.
Erst in der nächsten Zeile ist das Ganze zu Ende.
```

Verarbeitung von Zeichenketten

Damit wollen wir erst einmal die Darstellung von Zeichenketten abschließen und uns der Bearbeitung derselbigen zuwenden. Was nützen uns nämlich die ganzen Texte, die wir hier erzeugt haben, wenn wir nicht mit ihnen arbeiten? Also machen wir einfach Nägel mit Köpfen und schauen uns mal an, was wir mit unseren Zeichenketten so alles anstellen können.

```
01    puts "Eine Zeichenkette mit vierundvierzig
      Zeichen".length
02    puts "Hip" * 2 + "Hurra"
03    puts "jeder Anfang ist nicht klein".capitalize
04    puts "riesige ambitionen".upcase
05    puts "Arbeite froehlich ohne Murren und
      Knurren.".gsub('r', 'l')
06    puts "ja".include? "nein"
07    puts "boese".replace "gut"
08
09    "jedes einzelne Zeichen".scan(/./) do |char|
10      print char + '-'
11    end
```

Wie wir sehen, können wir mit Zeichenketten arbeiten, indem wir an ihr Ende einen Punkt und einen bestimmten Bezeichner anhängen. Nur um eines vorwegzunehmen: Dieser Punktoperator symbolisiert Ruby, dass nun ein Methodenaufruf folgt. Dieser Methodenaufruf muss an eine bestimmte Instanz gesendet werden, und diese ist in diesem Fall unsere Zeichenkette. Wie wir später sehen werden, verwenden wir bereits an dieser Stelle die objektorientierten Elemente von Ruby. Unser Objekt ist eine Zeichenkette und diese besitzt die Fähigkeit, eine bestimmte Aktion durchzuführen. Wie dies alles funktioniert, erkläre ich im Kapitel »Klassen und Objekte«. Für den Moment ist es nur wichtig, zu wissen, dass eine Zeichenkette von Haus aus einige sehr interessante Fähigkeiten mitbringt. So können wir z.B. die Anzahl der Zeichen in einer Zeichenkette zählen:

```
01    puts "Eine Zeichenkette mit vierundvierzig
      Zeichen".length
```

Länge einer Zeichenkette

Ergibt:

44

Was passiert hierbei?

■ Es wird ein Objekt (eine Zeichenkette) mit dem Inhalt `"Eine Zeichenkette mit vierundvierzig Zeichen"` initialisiert.

■ Von diesem Objekt wird die Methode `length` aufgerufen. Dies ist eine Standardmethode aller Zeichenketten und gibt, wie der Name vermuten lässt, die Länge (Anzahl der enthaltenen Zeichen) zurück.

■ Diese Anzahl wird mithilfe der Methode `puts` auf der Standardausgabe ausgegeben.

Probieren wir das Gleiche mit einer anderen Methode:

```
01    puts "jeder Anfang ist nicht klein".capitalize
```

Groß- und Kleinschreibung

Können Sie sich vorstellen, was passiert? Kleiner Hinweis: *to capitalize* bedeutet »großschreiben«. Schauen wir uns das Resultat an:

```
Jeder anfang ist nicht klein
```

Meinem ehemaligen Deutschlehrer würden sich wohl die Nackenhaare sträuben, aber für mich ist das eine tolle Sache. Wir können also mit der Methode `capitalize` den ersten Buchstaben einer Zeichenkette großschreiben. Nebeneffekt hierbei ist, dass alle anderen Buchstaben in der Zeichenkette nun kleingeschrieben werden.

Nachdem wir nun den ersten Buchstaben einer Zeichenkette vergrößern können, probieren wir doch mal Folgendes:

```
01    "riesige ambitionen".upcase
```

Statt `capitalize` verwenden wir nun die Methode `upcase`. Dieser Name kommt vom englischen Wort *uppercase*, das so viel bedeutet wie »in Großbuchstaben«. Und damit haben wir auch schon die Funktionalität geklärt:

```
"RIESIGE AMBITIONEN"
```

Textersetzung Nachdem wir nun die Form unserer Texte verändert haben, ist es an der Zeit, auch den Inhalt einmal anzufassen:

```
"Arbeite froehlich ohne Murren und Knurren.".gsub('r', 'l')
```

Ergibt:

```
"Albeite floehlich ohne Mullen und Knullen."
```

In diesem Fall wird die neue Methode `gsub` verwendet. Der erste Übergabeparameter symbolisiert hierbei das zu suchende Muster. Es wird nach dem Buchstaben »r« gesucht. Der zweite Übergabeparameter definiert das Objekt, durch das das Gesuchten ersetzt werden soll. Alle Treffer werden also durch den Buchstaben »l« ersetzt.

Neben der Methode `gsub` existiert die Methode `sub`. Diese ersetzt im Gegensatz zu `gsub` nur den ersten Treffer. `gsub` ersetzt dagegen jedes gefundene Zeichen.

Merkwürdige Methoden Ein letztes Beispiel soll uns noch zwei neue Methoden unserer Zeichenklasse vorstellen:

```
01    puts "Hip" * 2 + "Hurra"
```

Hier das Ergebnis:

```
HipHipHurra
```

Die zwei neuen Methoden heißen * und +. Dies mag für Sie ein wenig ungewohnt sein, sofern Sie von Sprachen wie C, Visual Basic oder Pascal kommen. Dort ist es nämlich nicht möglich, einen Methodennamen mit einem Sonderzeichen auszustatten. In Ruby ist dies oft angewandte Praxis. So gibt es auch sehr viele Methoden, die ein Fragezeichen oder ein Ausrufezeichen im Namen verwenden, um die Funktionsweise zu unterstreichen. Aber zurück zu unserer Zeichenkette. Diese besitzt standardmäßig die Methode *, die einen Übergabeparameter erwartet. Bei diesem Parameter muss es sich um eine Zahl handeln. Der Rückgabewert dieser Methode ist eine Zeichenkette, die mit dem Parameter multipliziert wurde. Schauen Sie sich dazu das folgende Beispiel an:

```
01    puts "a" * 1
02    puts "a" * 0
03    puts "a" * 5
04    puts "a" * 10
```

Ergibt:

```
a

aaaaa
aaaaaaaaaa
```

Es wird also wirklich eine Multiplikation durchgeführt. Eine solche mit 0 erzeugt, wie man im Beispiel sehr schön sieht, eine leere Zeichenkette. Jedoch sollten bei Ihnen bereits seit einigen Minuten die Alarmglocken läuten. Denn einige Seiten zuvor habe ich behauptet, dass eine Methode mithilfe des Punktoperators eingeleitet wird. Nur, wo befindet sich hier der Punkt? Die Antwort:

Methodenaufruf ohne Punkt

```
01    puts "b" *(1)
02    puts "b".*(5)
03    puts "b".*(10)
```

Sie haben selbstverständlich auch die Möglichkeit, die *-Methode wie eine ganz normale Methode zu verwenden. Sie können Klammern um die Übergabeparameter setzen und einen Punkt zwischen das Objekt und den Methodennamen schreiben. Im Moment müssen Sie jedoch darauf achten, dass, wenn Sie einen Punkt zwischen Objekt und * setzen, Sie die Klammerung auch verwenden sollten. Ansonsten wird Sie Ruby mit einer Warnung abstrafen.

Weniger ist mehr

Ich höre Sie schon klagen: Warum schon wieder die unterschiedlichen Varianten? Aber schauen Sie sich die beiden Beispiele doch einfach einmal direkt nebeneinander an und urteilen Sie selbst:

```
01    puts "Hip" * 2 + "Hurra"
02    puts "Hip".*(2).+("Hurra")
```

Richtig. Ruby will elegant sein. Und ich habe bisher noch niemanden getroffen, der mit der in Zeile 2 beschriebenen Lösung das Wort »Eleganz« assoziiert. Viel schlimmer wird das Ganze aber erst dann, wenn wir diese Methoden in Verbindung mit Zahlen verwenden. Dazu jedoch später mehr. Im Augenblick sollten Sie im Hinterkopf behalten, dass besondere Methoden, wie *, +, - und / keinen Punkt beim Aufrufen benötigen.

Die zweite neue Methode lautet +. Und die Funktionsweise sollte wohl beim Analysieren der folgenden Ergebnisse jedem klar werden:

```
01    puts "Ich bin " + "eine Zeichenkette."
02    puts "I" + "c" + "h" + " " + "a" + "u" + "c" + "h" + "."
```

Ergibt:

```
Ich bin eine Zeichenkette.
Ich auch.
```

Es wird eine Addition durchgeführt, die den Übergabeparameter an die eigene Zeichenkette konkatiniert. Und um die Punktproblematik noch einmal zu thematisieren, gibt es hier ein paar weitere Beispiele:

```
01   puts "Eine Zeichenkette ".+("hat es ").+("schon sehr
     schwer.")
02   puts "Ich ".+("hab ") +("es ") + "schwerer."
```

Mit diesem Wissen sollte nun das ursprüngliche Beispiel sehr leicht zu verstehen sein:

```
01   puts "Hip" * 2 + "Hurra"
```

■ Es wird eine Zeichenkette mit dem Inhalt "Hip" initialisiert.

■ Von diesem Objekt wird die Methode * mit dem Übergabeparameter 2 aufgerufen.

■ Der Rückgabewert ist die Zeichenkette "HipHip", von dieser wird wiederum die Methode + mit dem Übergabeparameter "Hurra" aufgerufen.

■ Das endgültige Resultat ist "HipHipHurra".

Zahlen

Damit schließen wir das Thema Zeichenketten ab und begeben uns zu den Zahlen:

```
01   42 + 3
02   10 - 7
03   3 * 3
04   30 / 10
05   -12.abs
06   2.5.round
07
08   3.times do
09     puts 'Hoch soll er leben, dreimal hoch.'
10   end
```

Grundrechen-arten

Wie wir bereits von den Zeichenketten gelernt haben, gibt es auch bei Zahlen die Möglichkeit, mithilfe von Methoden mit ihnen zu arbeiten. Die folgenden Methoden sollten uns noch aus der Grundschule ein Begriff sein. Das folgende Beispiel:

```
01    puts 42 + 3
02    puts 10 - 7
03    puts 3 * 3
04    puts 30 / 10
```

ergibt wie von uns allen erwartet:

```
45
3
9
3
```

Damit sollte nun auch klar sein, weshalb es die Sonderlösung mit den punktlosen Methodenaufrufen gibt. Oder besser, stellen Sie sich folgenden Code vor:

```
01    puts 42.+(3)
02    puts 10.-(7)
03    puts 3 *(3)
04    puts 30./(10)
```

Dieser funktioniert selbstverständlich, aber schön ist etwas anderes. Unabhängig davon haben Sie selbstverständlich auch die Möglichkeit, mit den Rückgabewerten weiter zu arbeiten. Damit können Sie dem Mathematikunterricht ähnliche Konstrukte erstellen:

```
01    puts 3 + 3 * 3 - 2
02    puts (3 + 3) * (3 - 2)
03    puts 3 + 3 * (3 - 2)
04    puts (3 + 3) * 3 - 2
```

Dieses Beispiel ergibt, wie wir es aus dem Unterricht erwarten würden, folgende Ausgabe:

```
10
6
6
16
```

Damit steht fest, dass Ruby sich grundlegend an gültige **Zähler**
Rechenregeln hält. Da wäre zum einen der Merksatz »Punkt-
vor Strichrechnung«, der in Zeile 1 deutlich zum Ausdruck
kommt. Weiterhin sehen wir in Zeile 2 bis 4, dass diese Reihen-
folge durch das Setzen von Klammern beeinflusst werden kann.
Die Grundrechenarten sind jedoch nicht die einzigen Methoden,
die eine Zahl in Ruby bereitstellt. So können wir eine ganze
Zahl auch als Zähler für eine Schleife verwenden. Die genaue
Funktionsweise werde ich später beschreiben. Zum jetzigen
Zeitpunkt ist nur wichtig, dass es funktioniert:

```
01  3.times do
02    puts 'Hoch soll er leben, dreimal hoch.'
03  end
```

Ergibt:

```
Hoch soll er leben, dreimal hoch.
Hoch soll er leben, dreimal hoch.
Hoch soll er leben, dreimal hoch.
```

Jede ganze Zahl besitzt die Methode times. Dieser können wir
einen Codeblock übergeben, der wiederholt ausgeführt wird.
Wird die Methode times für die Zahl 3 aufgerufen, so wird der
Codeblock dreimal ausgeführt. Bei der Verwendung der Zahl 5
würde der entsprechende Codeblock fünfmal ausgeführt werden.

Neben den ganzen Zahlen gibt es, wie in der Natur der Mathe- **Gleitkomma-**
matik auch, in Ruby die Gleitkommazahlen. Diese werden **zahlen**
durch das Hinzufügen eines Punktes und einer entsprechenden
Nachkommastelle dargestellt. Mit diesen können Sie ähnlich
wie mit ganzen Zahlen auch sämtliche Grundrechenarten
durchführen – mit dem Unterschied, dass der Rückgabewert in
diesen Fällen auch immer eine Gleitkommazahl ist.

```
01  puts 42.3 + 3.1
02  puts 10.8 - 7.5
03  puts 3.3 * 3.3
04  puts 30.3 / 10.1
```

Ergibt:

```
45.4
3.3
10.89
3.0
```

Zu beachten ist hierbei, dass Gleitkommazahlen aufgrund der Struktur eines heutigen Computers nicht effizient eine 100%ige Genauigkeit liefern können. Behalten Sie dies im Hinterkopf, wenn Sie Werte mit langen Nachkommastellen berechnen. Diese sind im Zweifelsfall ab einer bestimmten Position ungenau bzw. falsch.

Gleitkommazahlen besitzen von Natur aus auf einem Computer eine begrenzte Genauigkeit. Sollte Ihr Ergebnis von sehr genauen Gleitkommazahlen abhängig sein, so besteht die Möglichkeit, dass Sie ein fehlerhaftes Ergebnis erhalten.

Zahlen runden Mit den nun erwähnten Gleitkommazahlen lassen sich jedoch auch andere Dinge durchführen, die mit geraden Zahlen keinen Sinn ergeben. So besitzt eine jede Zahl mit einer Nachkommastelle die Methode round, die es ermöglicht, auf eine ganze Zahl zu runden:

```
01    puts 42.4.round
02    puts 13.5.round
```

Resultat:

```
42
14
```

Hier ergibt sich nun die folgende Frage: Woher weiß Ruby, wo die Nachkommastelle anfängt und an welcher Stelle der Methodenname beginnt? Beide werden doch mit einem Punkt eingeleitet. Die Antwort dieser Frage resultiert in einer Einschränkung der Sprachmöglichkeiten. So können Sie in einem Methodennamen ohne Probleme Sonderzeichen und Zahlen verwenden, jedoch muss das erste Zeichen eines Methodennamens immer ein Buchstabe sein. Damit kann Ruby herausfinden, ob es sich bei dem Folgenden um eine Methode oder Nachkommastelle handelt.

Eine weitere besondere Art von Zahlen sind die Negativen. Dabei handelt es sich um jede Zahl, die kleiner als 0 ist. Solche werden in Ruby mithilfe eines vorangestellten - dargestellt. **Negative Zahlen**

```
01    puts -1 + -42
02    puts -40 + 10
```

Ergibt:

```
-43
-30
```

Bei negativen Zahlen gibt es wiederum auch Methoden, die so mit anderen Zahlen keinen großen Sinn ergeben. So können Sie mithilfe der Methode abs den absoluten Wert einer negativen Zahl ermitteln:

```
01    puts -401.abs
02    puts (-100 + -80).abs
```

Ergibt:

```
401
180
```

Die mehrdimensionale numerische Array-Klasse NArray erhalten Sie unter *http://rubyforge.org/projects/narray*. Die hochperformante Bibliothek RNum für lineare Algebra erhalten Sie unter *http://rubyforge.org/projects/rnum* und BigDecimal ist eine Standard-Bibliothek, die direkt bei der Ruby-Installation mitgeliefert wird.

Beenden möchte ich dieses Kapitel mit einem wichtigen Hinweis. Die Verarbeitung von Zahlen mit einem Computer ist nicht so trivial, wie es bisher wohl den Anschein hat. Ruby versteckt sehr viel, um Ihnen die Arbeit zu erleichtern. Jedoch werden Sie, sofern Sie mit sehr großen oder genauen Zahlen arbeiten wollen, schnell die Grenzen dieses Systems erreichen. Für die Verarbeitung von komplexeren mathematischen Sachverhalten gibt es extra Bibliotheken wie *RNum*, *NArray* und andere. Auch gibt es in der Standardbibliothek von Ruby die Klasse *BigDecimal*, die genauere Berechnungen erlaubt.

L3 Klassen und Objekte

Bisher haben wir Zeichenketten und Zahlen erstellt und an Ort und Stelle direkt verarbeitet. Dies funktioniert für einfache Sachverhalte problemlos. Sobald man jedoch ein Objekt zu einem späteren Zeitpunkt erneut verwenden möchte, müssen wir uns eine *Referenz* auf diesen Wert merken.

Referenzen

```
01   age = 22
02   puts age
```

Ergibt:

```
22
```

In Zeile 1 haben wir die Zahl 22 initialisiert und eine Referenz mit dem Namen age auf diese gesetzt. In der nächsten Zeile können wir nun mithilfe dieser Referenz auf den dahinter befindlichen Wert zugreifen. Ein solcher Verweis ist in Ruby nicht an einen bestimmten Typ gebunden. Dies bedeutet, dass eine Referenz auf ein jedes Objekt verweisen kann, vollkommen egal von welcher Klasse dieses instanziert wurde.

```
01   name = 'Daniel'
02   age = 22
03   puts "Mein Name ist #{name} und ich bin #{age} Jahre
     alt."
```

Ergibt:

```
Mein Name ist Daniel und ich bin 22 Jahre alt.
```

Referenzen gibt es in unterschiedlichen Varianten. Da wären *Variablen* und *Konstanten* zu nennen. Variable Verweise kennen wir bereits. Wir haben diese im vorherigen Beispiel verwendet. Eine solche Referenz zeichnet sich dadurch aus, dass wir während der Laufzeit des Programms den Wert, auf den unsere Referenz zeigt, austauschen können. Damit hätten wir die Möglichkeit, das Alter anzupassen:

Variablen und Konstanten

```
01    age = 22
02    puts "Jetzt bin ich #{age} Jahre alt."
03    age = age.next
04    puts "Nach meinem nächsten Geburtstag bin ich #{age}
      Jahre alt."
```

Ergibt:

```
Jetzt bin ich 22 Jahre alt.
Nach meinem nächsten Geburtstag bin ich 23 Jahre alt.
```

Manchmal macht es jedoch Sinn, eine Referenz zu besitzen, die sich nicht so einfach austauschen lässt. So wäre z.B. der Name einer Person etwas, was sich nur in Ausnahmefällen ändert.

```
01    Name = 'Daniel'
02    puts "Mein Name ist #{Name}."
```

Indem wir den ersten Buchstaben unserer Referenz großschreiben, sorgen wir dafür, dass Ruby aufpasst, ob der Verweis geändert wird. Sollte dies passieren, wird eine Warnmeldung ausgegeben:

```
01    Name = 'Daniel'
02    puts "Mein Name ist #{Name}."
03    Name = 'Jack'
04    puts "Ich wäre aber lieber #{Name}."
```

Erzeugt die folgende Ausgabe:

```
Mein Name ist Daniel.
Ich wäre aber lieber Jack.
## warning: already initialized constant Name
```

Konstanten sind in Ruby nicht konstant. Sie können während der Laufzeit ohne Probleme geändert werden. Jedoch erzeugt diese Änderung eine Warnmeldung. Beachten Sie solche Warnungen und versuchen Sie, diese – auch in einem anderen Kontext – zu vermeiden.

Der größte Unterschied zu anderen Sprachen ist die Tatsache, dass Ruby den konstanten Verweis trotz des Warnhinweises ändert. Sie können also mithilfe von Konstanten nicht sicherstellen, dass eine Referenz unverändert bleibt. Sie werden einzig und allein über die Veränderung benachrichtigt.

Grundlagen der Objektorientierung

Nachdem wir auf den letzten Seiten und in den ersten Kapiteln oft die Wörter Objekte, Klassen und Typen erwähnt haben, wird Sie sicherlich schon seit einiger Zeit die Frage quälen, wie das alles zusammenhängt. Wahrscheinlich haben Sie schon öfter von *Objektorientierung* gehört. Sprachen wie *Smalltalk, Java, C#* und auch *Ruby* werben damit, dieses Paradigma zu unterstützen. Aber was bedeutet das überhaupt? Und inwieweit hilft es uns dabei, die Probleme, die wir haben, zu lösen?

Gehen wir dazu kurz zum letzten Kapitel zurück. Wir hatten uns mit Zeichenketten und Zahlen beschäftigt. Eventuell haben Sie sich darüber gefreut, dass Ruby für diese Dinge bereits Unterstützung mitbringt. Sie konnten so von Haus aus zum Beispiel die Anzahl aller Zeichen in einer Zeichenkette zählen. Es war weiterhin ohne Probleme möglich, sämtliche Kleinbuchstaben in Großbuchstaben umzuwandeln. Für Zahlen werden Ihnen sämtliche Grundrechenarten bereits zur Verfügung gestellt. Und Nachkommastellen können Sie mit einer einzigen Methode einfach wegrunden.

Objekte haben spezialisierte Fähigkeiten

Das alles sind Fähigkeiten, die Ihnen ein Zahlen- und Zeichenkettenobjekt zur Verfügung stellt. Dabei ist die Funktionsweise einer bestimmten Methode immer abhängig vom ursprünglichen Objekt. Die Methode + verursacht beispielsweise bei einem Zahlenobjekt die erwartete Grundrechenoperation (Addition). Wenn wir diese jedoch auf eine Zeichenkette anwenden, wird logischerweise keine Addition im mathematischen Sinne durchgeführt. Stattdessen werden zwei Zeichenketten aneinandergekettet. Weiterhin werden Sie vergeblich versuchen, eine Zeichenkette zu runden oder eine Zahl in Großbuchstaben umzuwandeln.

Sie sehen also, dass ein Objekt nur genau die Methoden bereitstellt, die für sich selbst betrachtet Sinn ergeben. Wir können also sagen, dass ein Zeichenkettenobjekt nur Methoden besitzt, die sinnvoll auf eine Zeichenkette angewendet werden können. Das Gleiche gilt für Zahlen. Stellen Sie sich nun vor, Sie hätten eine Referenz auf ein Objekt, von dem Sie nichts außer den Namen wissen. Wie können Sie herausfinden, was für eine Bearbeitung mit diesem Objekt möglich bzw. sinnvoll ist? Richtig! Sie fragen einfach das Objekt, von welchem Typ es ist:

```
01    first_reference = "eine Zeichenkette"
02    second_reference = 42
03
04    puts first_reference.class
05    puts second_reference.class
```

Wir erhalten daraufhin:

```
String
Fixnum
```

Damit haben wir nun auch gleich den korrekten Namen einer Zeichenkette und einer Zahl in Ruby gefunden. Bei Zeichenketten handelt es sich um den Typ *String*. Und eine Zahl ist ein *Fixnum*. Zur Verdeutlichung ein paar weitere Beispiele zum Testen:

```
01    puts 300.class
02    puts 'Welcher Typ?'.class
03    puts (2**30).class
04    puts (2**30 - 1).class
```

Und hätten Sie das folgende Resultat erwartet?

```
Fixnum
String
Bignum
Fixnum
```

Fixnum oder Bignum?

Ich denke, bis auf das vorletzte Ergebnis ist alles okay. Aber warum um alles in der Welt steht dort auf einmal *Bignum* statt *Fixnum*? Nun, die Antwort ist leider nicht trivial. Denn wie ich bereits am Ende des vorherigen Kapitels erwähnte, ist die Berechnung von Zahlen am Computer ein Buch mit sieben Siegeln. So sind die heutigen Register eines Prozessors leider immer noch sehr stark begrenzt und bieten standardmäßig nicht genug Platz, um sehr große Zahlen dort zu hinterlegen. Die Grenze liegt bei der Struktur von Ruby bei meinem Computer genau bei 2^{30}-1. Sollten wir also eine Zahl erzeugen, die größer ist, wie z.B. in Zeile 3, so passt diese Zahl nicht mehr vollständig in die Standardregister eines Prozessors. Aber keine Sorge, wie ich ebenfalls erwähnte, versucht Ruby dies für Sie transparent zu verstecken. Sollte die Zahl zu groß werden, wird automatisch eine neue Speicherstruktur gewählt, in der genug Platz ist. Der dabei auftretende Geschwindigkeitsverlust ist bei einfachen Berechnungen zu vernachlässigen. Eine weitere Klasse nennt sich *Float*, diese ist für Zahlen mit Nachkommastellen gedacht:

```
01    puts 34.3.class
02    puts (30 - 0.5).class
```

Ergibt:

```
Float
Float
```

Objekte

Nun können wir also den Typ eines Objekts ermitteln. Aber hierbei ist Vorsicht geboten. Auch wenn eine Zeichenkette direkt nach der Initialisierung eine bestimmte Menge an Methoden bereitstellt, können Sie sich nicht darauf verlassen, dass diese Methoden auch noch zu einem späteren Zeitpunkt verfügbar sind. Dies ist der Dynamik von Ruby geschuldet. Es ist nämlich möglich, einem Objekt zu Lebzeiten Methoden hinzuzufügen, sie zu ändern oder auch zu entfernen. Dazu müssen Sie jedoch wissen, dass jedes Objekt, das Sie erzeugen, einzigartig ist. Dies können Sie schön mit der Methode object_id unter

Objektidentität

Beweis stellen. Diese gibt Ihnen nämlich die eindeutige ID eines Objekts zurück:

```
01    puts 'Erste Zeichenkette'.object_id
02    puts 'Eine weitere Zeichenkette'.object_id
03    puts 42.object_id
04    puts 43.object_id
```

Es werden die folgenden Werte zurückgegeben:

```
931700
931680
85
87
```

Bitte wundern Sie sich nicht, wenn Ihre Werte sich teilweise von meinen unterscheiden. Die entsprechenden IDs werden zur Laufzeit zugeordnet und können auf anderen Systemen unterschiedlich sein. Interessant ist jedoch die Erkenntnis, dass jedes Objekt eindeutig identifiziert werden kann. Hier noch eine kleine Falle, die hin und wieder für Verwirrung sorgen kann:

```
01    first_reference = "Meine Zeichenkette"
02    second_reference = first_reference
03
04    puts first_reference.object_id
04    puts second_reference.object_id
```

Auf meinem System wird Folgendes ausgegeben:

```
931740
931740
```

Der Wert dieser Zahl kann sich von Ihrem System wieder unterscheiden. Das Wichtige ist jedoch, dass Sie hier zweimal dieselbe Zahl sehen. Wenn Sie sich das Codebeispiel erneut anschauen, werden Sie den Grund dafür in Zeile 1 finden. Denn nur dort wird im gesamten Programm ein Objekt initialisiert. In Zeile 2 findet einzig und allein die Zuweisung einer neuen Referenz statt. Es existieren also zwei Referenzen auf ein und dasselbe Objekt. Die Abfrage der ID wird immer auf die Zeichenkette "Meine Zeichenkette" angewendet.

Mit dem Wissen, dass jedes Objekt einzigartig ist, können wir nun den Gedankengang von vorhin weiterführen. Bei der Initialisierung eines Objekts besitzt dieses sämtliche Fähigkeiten, die ihm seine Klasse bereitstellt. Während der Laufzeit kann es jedoch zu Veränderungen kommen. Wenn wir einem String eine neue Methode hinzufügen wollen, so könnte dies wie folgt aussehen:

```
01   string = "Meine Zeichenkette."
02
03   def string.first_char
04     self[0].chr
05   end
06
07   puts string.first_char
```

Ergibt erwartungsgemäß:

M

Mithilfe des Schlüsselwortes `def`, das wir in Zeile 3 verwenden, können wir einem Objekt eine neue Methode hinzufügen. Dabei wird nach dem Schlüsselwort das Objekt und der Name der neuen Methode angegeben.

■ Die gesamte Logik der neuen Methode wird in Zeile 4 definiert. Dabei wird über das Schlüsselwort `self` auf die aktuelle Zeichenkette zugegriffen (in diesem Fall "Meine Zeichenkette").

■ Mithilfe der eckigen Klammern können wir auf jede einzelne Position in dieser Zeichenkette zugreifen. Da das Zählen hierbei mit 0 beginnt, greifen wir also mit dem Konstrukt [0] auf den ersten Buchstaben der Zeichenkette zu.

■ Leider gibt uns diese Methode nur den Zahlenwert des aktuellen Buchstabens zurück. Deshalb wenden wir die Methode `chr` auf diese Zahl an. Damit wird der Wert in den entsprechenden Buchstaben umgewandelt.

Wir würden hier natürlich kein Ruby verwenden, wenn es nicht noch weitere Möglichkeiten geben würde, einem Objekt eine

Methode hinzuzufügen. Schauen Sie sich die beiden folgenden Varianten an:

```
01    string = "Meine Zeichenkette."
02
03    class << string
04      def first_char
05        self[0].chr
06      end
07    end
08
09    puts string.first_char
```

Und:

```
01    string = "Meine Zeichenkette."
02
03    module FirstCharLib
04      def first_char
05        self[0].chr
06      end
07    end
08
09    string.extend FirstCharLib
10
11    puts string.first_char
```

Ergeben beide ebenfalls:

```
M
```

Eigenclass

Beim ersten Beispiel betrachten wir das Objekt string als eine Klasse. Indem wir das Schlüsselwort class verwenden, können wir mithilfe des <<-Operators und dem Namen des Objekts die *Singletonclass* bzw. *Eigenclass* öffnen. Stellen Sie sich diese Klasse als eine zweite Klassifizierungsebene vor. Lassen Sie mich dazu das Ganze an einem allgemeinen Beispiel erklären. Wäre die Welt eine Ruby-Laufzeitumgebung, so würde die gesamte Menschheit von der Klasse Mensch (oder auch Human) abstammen. Jeder Mensch ist hierbei ein Objekt mit einer eindeutigen Identität (abrufbar über object_id). Nun lebt jedes Lebewesen sein Leben und erhält eigene, ganz persönliche Fähigkeiten. Diese Fähigkeiten sind so nicht für andere Menschen verfügbar, sondern nur vom entsprechenden Individuum nutzbar. In Ruby würden diese Fähigkeiten in der *Eigenclass* eines Objekts hinterlegt werden. Damit kann ein Objekt unabhängig von seinen Verwandten neue Fähigkeiten erhalten.

Mixin

Das zweite Beispiel verwendet ein weiteres Konzept, und zwar *Mixins* bzw. *Module*. Dabei wird ein neues Modul in Zeile 3 bis 7 erzeugt. Stellen Sie sich für den Moment dieses als eine Art Methodensammlung vor. Nun können Sie mithilfe der Methode extend, die von jedem Objekt bereitgestellt wird, die entsprechenden Methoden des Moduls unserer Zeichenkette hinzufügen. Mehr dazu gibt es später.

Fähigkeiten von Klassen erweitern

Nachdem wir nun unsere neue Methode first_char eine Weile mit dem Objekt string verwendet haben, keimt in uns der Wunsch, diese auch mit anderen Zeichenketten zu verwenden. Da wir bereits wissen, dass alle Zeichenketten ihre Fähigkeiten von der Klasse String erhalten, müssen wir also folglich nur einen Weg finden, diese Klasse zu erweitern. Und in der Tat kennen wir bereits sämtliche Schlüsselwörter, um dies zu bewerkstelligen:

```
01   class String
02     def first_char
03       self[0].chr
04     end
05   end
06
07   puts "Meine Zeichenkette.".first_char
08   puts "Eine andere Zeichenkette.".first_char
```

Ergibt:

```
M
E
```

In diesem Fall benötigen wir nicht einmal mehr eine Referenz auf ein Objekt, denn die Änderung wirkt sich global auf sämtliche Zeichenketten aus.

- In Zeile 1 bis 5 wurde die Klassendefinition der Klasse `String` geöffnet.

- Dieser fügen wir in Zeile 2 bis 4 eine neue Methode mit dem Namen `first_char` hinzu.

- Nun ist in Zeile 7 und 8 von jeder Zeichenkette aus ein Zugriff auf die entsprechende Methode möglich.

Die bisher gesehenen Beispiele sind schon ganz nützlich, jedoch werden Sie im Alltag eher damit beschäftigt sein, vollständig neue Klassen zu erstellen und mit diesen zu arbeiten. Hierzu vielleicht ein kleiner Exkurs.

Vorteile der Objektorientierung

Um das Fabelhafte an der Objektorientierung zu begreifen, müssen Sie sich bewusst machen, dass ein Computer selber nicht in Objekten denken kann. Für diesen gibt es nur einen großen Hauptspeicher, ein paar Register und bestimmte Interrupts, die dafür sorgen, dass die Informationen in den einzelnen Registern von A nach B verschoben werden. Diese grundlegende Architektur hat sich hinauf bis zu den Programmiersprachen etabliert. So wurde und wird noch heute eine feste Trennlinie zwischen Informationen und Informationsverarbeitung gezogen. Dass dieses Konzept für einen Computer sehr effizient zu verarbeiten ist, steht außer Frage. Dass es für einen Menschen alles andere als logisch bzw. intuitiv ist, ist ebenfalls unbestritten. Folglich wurde bereits vor etlichen Jahren darüber nachgedacht, Programmiersprachen näher an die menschliche Logik heranzuführen. Herausgekommen ist, neben vielen anderen interessanten Paradigmen, die Objektorientierung.

Das Besondere ist nun, dass die computerbedingte Trennung von Information und Funktionalität aufgehoben wurde. Bei dieser Zusammenführung entstanden die bereits bekannten Objekte. Diese zeichnen sich dadurch aus, dass sie nicht nur Informationen enthalten, sondern auch gleichzeitig die Funktionalität bereitstellen, um diese zu verarbeiten. Als Außenstehender können Sie damit die Fähigkeiten eines Objekts verwenden, ohne genau wissen zu müssen, wie die Daten, die sich dahinter befinden, korrekt verarbeitet werden. Weiterhin erhöht sich durch diese Art der Datenkapselung die Wahrscheinlichkeit, dass ein Stück Quelltext zu einem späteren Zeitpunkt erneut verwendet werden kann.

Klassen

Nun stellt sich noch die Frage, inwieweit *Klassen* und *Typen* in dieses Konzept passen. Als Erstes sei Folgendes gesagt: In diesem Buch verwende ich die Wörter »Klasse« und »Typ« gleichbedeutend. Es gibt jedoch einige Leute, die die Begriffe ein wenig anders definieren und mir an dieser Stelle nicht zustimmen würden. Da sich die Frage einer Definition von Klassen und Typen höchstens in einem Streitgespräch klären lassen würde, verzichte ich darauf, Ihnen meine subjektive Meinung aufzudrängen. Sollten Sie jedoch einmal in die Bedrängnis geraten, Ihre Meinung zu diesem Thema äußern zu müssen, dann sagen Sie einfach: In Ruby ist die Klasse eines Objekts manchmal der Typ, manchmal jedoch auch nicht. Damit stehen Sie auf der sicheren Seite :-)

Klassen und Typen

Klassen sind die Baupläne von Objekten. So einfach ist das. Sie können mithilfe dieser Baupläne genau spezifizieren, wie ein Objekt auszusehen hat, welche Informationen es enthält und wie diese von anderen Leuten verarbeitet werden können. Am besten schauen wir uns das ganze einmal an einem Beispiel an:

```
01   class Car
02   end
03
04   small_car = Car.new
05   puts small_car.class
```

Klassendefinition

Ergibt:

```
Car
```

Dieses noch sehr nutzloses Beispiel definiert eine Klasse und erzeugt von dieser eine Instanz.

- Mithilfe des Schlüsselwortes `class` wird eine Klassendefinition begonnen. Anschließend folgt der Name der neuen Klasse. Dieser Bezeichner muss mit einem großen Buchstaben beginnen.

- Die Klassendefinition wird in Zeile 2 mit dem Schlüsselwort `end` beendet. Damit haben wir eine Klasse ohne Fähigkeiten definiert. Toll!

- In Zeile 4 erzeugen wir mit der Methode `new` der Klasse `Car` eine neue Instanz. Weiterhin zeigt ab dieser Stelle die Referenz `small_car` auf unser Objekt.

- In der letzten Zeile fragen wir unser Objekt, welchen Typ es besitzt.

Nun werden sich sicherlich einige Fragen in Ihrem Kopf angestaut haben. Ich hoffe, ich kann diese hiermit alle beantworten. Zum Beispiel sehen wir in Zeile 1 bis 2 eine leere Klassendefinition. Dies sollte doch bedeuten, dass unsere Klasse keine Methoden zur Verfügung stellt. Wie kann es nun aber sein, dass wir trotzdem auf die Methode `class` zugreifen können? Wo wurde diese definiert? Das wäre z.B. eine gute Frage. Ich hoffe, Sie haben sich diese gerade gestellt. Die Antwort lautet, dass jede Klasse automatisch einen bestimmten Satz an Methoden bereitgestellt bekommt. Hierbei spielt das Thema *Vererbung* eine zentrale Rolle.

Vererbung

Bei Vererbung handelt es sich um die Möglichkeit, eine neue Klasse auf Basis einer schon vorhandenen zu erstellen. Die Klasse *Mensch* könnte so z.B. von der Klasse *Säugetier* erben, da alle Säugetiere bestimmte Fähigkeiten besitzen. Ein passendes Beispiel werde ich in Kürze zeigen. Ruby gibt uns also eine Möglichkeit, von einer bestimmten Klasse Fähigkeiten zu übernehmen. Sollten wir diese Möglichkeit nicht ausnutzen, so erbt unsere Klasse automatisch von `Object`. Dabei handelt es sich um die absolute Ursprungsklasse und in dieser wird auch die Methode `class` definiert, die den Klassennamen zurückgibt. Was für elegante Konstrukte wir mit diesem Wissen erstellen können, werde ich ebenfalls in Kürze zeigen. Zuerst wollen wir jedoch unsere `Car`-Klasse um ein paar praktische Dinge erweitern:

```
01   class Car
02     def initialize(chassis_nr)
03       puts "Das Auto hat die Fahrgestellnummer
       '#{chassis_nr}'."
04     end
05   end
06
07   small_car = Car.new 'ar5ghUj89SkL1S'
```

Ergibt:

```
Das Auto hat die Fahrgestellnummer 'ar5ghUj89SkL1S'.
```

Wir haben unsere Klasse nun um die Möglichkeit erweitert, beim Initialisieren eine Fahrgestellnummer zu übergeben. Diese wird direkt bei der Erstellung wieder ausgegeben.

■ Unsere Klassendefinition reicht nun von Zeile 1 bis 5.

■ Mithilfe des Schlüsselwortes `def` können wir eine Methode definieren. In Zeile 2 tun wir dies und geben dieser Methode den Namen `initialize`.

■ Die Methode `initialize` erhält genau einen Übergabeparameter, der in Zeile 3 direkt wieder in eine Zeichenkette eingearbeitet wird.

■ Wir erstellen in Zeile 7 ein neues Objekt. Diesmal übergeben wir der Methode `new` jedoch eine Zeichenkette als Übergabeparameter.

An dieser Stelle muss ich Ihnen ein weiteres kleines Geheimnis verraten. Der Name `initialize` bezeichnet in Ruby den *Kon-* **Konstruktor**

struktor einer Klasse. Ein solcher Konstruktor wird direkt beim Erstellen eines Objekts aufgerufen. Das Besondere ist nun: Wenn wir eine Methode mit diesem Namen und einem Übergabeparameter erstellen, so besitzen wir die Möglichkeit, beim Erzeugen des Objekts auch Werte an diesen Konstruktor zu übergeben. Beim Aufruf der Methode new wird so die Zeichenkette direkt an den Konstruktor initialize gesendet und kann dort verarbeitet werden.

Wir können natürlich auch andere Methoden innerhalb der Klassendefinition erstellen:

```
01    class Car
02      def initialize(chassis_nr)
03        puts "Das Auto hat die Fahrgestellnummer
      '#{chassis_nr}'."
04      end
05
06      def toot
07        puts 'TutTut'
08      end
09    end
10
11    small_car = Car.new 'ar5ghUj89SkL1S'
12    small_car.toot
```

Ergibt:

```
Das Auto hat die Fahrgestellnummer 'ar5ghUj89SkL1S'.
TutTut
```

In Zeile 6 bis 8 erstellen wir eine Methode mit dem Namen toot. Diese macht nichts anderes, als die Zeichenkette TutTut auszugeben.

Damit haben wir nun schon viel erreicht. Wir haben eine Klassendefinition erstellt, die direkt beim Initialisieren Übergabeparameter erhält und auf Basis dieser Parameter eine Ausgabe erzeugt. Weiterhin konnten wir unsere Klasse mit eigenen Methoden ausstatten, auf die wir von außen zugreifen konnten. Nun würden wir aber bestimmt auch noch gerne innerhalb des

Objekts Informationen speichern und zu späteren Zeitpunkten verwenden. Dazu machen wir einfach mal den folgenden naiven Versuch:

```
01  class Car
02    def initialize(chassis_nr)
03      puts "Das Auto hat die Fahrgestellnummer
'#{chassis_nr}'."
04    end
05
06    def chassis_number
07      puts chassis_nr
08    end
09  end
10
11  small_car = Car.new 'ar5ghUj89SkL1S'
12  small_car.chassis_number
```

Objektvariablen

Ergibt:

```
NameError: undefined local variable or method 'chassis_nr'
    for #<Car:0x1c6bc8>
```

> Die Sichtbarkeit einer Variablen ist immer kontextbezogen. Dieser Bezug wird automatisch bei ihrer Erstellung festgelegt. Eine Variable ist grundsätzlich immer nur in dem Kontext verwendbar, in dem sie erschaffen wurde. Sollte Ihr Ruby-Programm einmal eine Variable nicht finden, so könnte es sein, dass die Erstellung in einem falschen Kontext stattgefunden hat.

Was lief schief? Nun, Ruby konnte die Referenz mit dem Namen chassis_nr nicht finden. Aber warum? Wir haben das Ganze doch bereits beim Initialisieren an die Klasse übergeben? Das Problem liegt am Kontext, in dem eine bestimmte Referenz sicht- bzw. nutzbar ist. Wenn wir wie im Beispiel eine Referenz als Übergabeparameter an eine Methode übergeben, so ist dieser Verweis auch nur in dieser Methode verfügbar. Sobald diese beendet ist, verschwindet auch die Referenz.

Aber haben Sie wie immer keine Sorgen. Statt dieser lokalen Variablen können wir auch einfach Objektvariablen nutzen. Diese bringen nämlich die Fähigkeit mit, in einem Objekt an jeder denkbaren Stelle zur Verfügung zu stehen:

```
01  class Car
02    def initialize(chassis_nr)
03      @chassis_nr = chassis_nr
04      puts "Das Auto hat die Fahrgestellnummer
'#{@chassis_nr}'."
05    end
06
07    def chassis_number
08      puts @chassis_nr
09    end
10  end
11
12  small_car = Car.new 'ar5ghUj89SkL1S'
13  small_car.chassis_number
```

Nun erhalten wir auch das gewünschte Ergebnis:

```
Das Auto hat die Fahrgestellnummer 'ar5ghUj89SkL1S'.
ar5ghUj89SkL1S
```

Ihnen werden sicherlich auf Anhieb die neuen Klammeraffen aufgefallen sein, die nun vor die `chassis_nr`-Referenz gesetzt wurden. Dieses Symbol dient dazu, eine Objektvariable zu markieren. Wenn wir also eine Referenz erstellen, in deren Namen als erstes Zeichen ein @ auftritt, so handelt es sich bei dieser um eine Objektvariable, die in einem gesamten Objekt zur Verfügung steht. Bitte beachten Sie, dass dieses Sonderzeichen wirklich zum Namen der Referenz gehört und nicht etwa ein Operator ist. So handelt es sich bei der Referenz `chassis_nr` und `@chassis_nr` um zwei vollständig unterschiedliche Referenzen, die in unserem Beispiel jedoch auf dasselbe Objekt verweisen.

Klassen-variablen

Eine weitere besondere Form von Variablen sind die *Klassen-variablen*. Diese wiederum sind global in der gesamten Klasse nutzbar. Dies bedeutet, dass diese Variable, egal wie oft ein Objekt von einer Klasse instanziert wurde, nur einmal existiert. Nutzen kann man eine solche Variable, um z.B. Objektinstanzen zu zählen:

```
01  class Car
02    @@counter = 0
03
04    def initialize
05      @@counter = @@counter + 1
06      puts "Dies ist die #{@@counter}. Instanz."
07    end
08  end
09
10  Car.new
11  Car.new
12  Car.new
13  Car.new
```

Resultat:

```
Dies ist die 1. Instanz.
Dies ist die 2. Instanz.
Dies ist die 3. Instanz.
Dies ist die 4. Instanz.
```

Mithilfe der doppelten Klammeraffen können wir eine Referenz als Klassenvariable markieren. Damit können wir, von jedem Objekt dieser Klasse auf exakt dieselbe Instanz zugreifen.

Etwas Ähnliches gibt es auch im Bereich der Methoden. So haben wir bisher nur Objektmethoden wie z.B. toot erstellt:

Objektmethoden

```
01  class Car
02    def toot
03      puts 'TutTut'
04    end
05  end
06
07  small_car = Car.new
08  small_car.toot
```

**Klassen-
methoden**

Diese Methoden sind direkt über das Objekt nutzbar. Eine andere Art von Methoden nennt sich *Klassenmethode* und wie Sie sich bestimmt bereits denken können, sind diese nur direkt über die Klasse nutzbar:

```
01  class Car
02    def self.info
03      puts 'Ich bin ein Bauplan für ein Autoobjekt.'
04    end
05  end
06
07  Car.info
```

Ergibt:

```
Ich bin ein Bauplan für ein Autoobjekt.
```

**Verbergen von
Informationen**

Ein weiteres wichtiges Feature einer jeden objektorientierten Sprache ist das *information hidding*, also das Verbergen von Informationen. Warum macht es jedoch Sinn, Dinge vor einem anderen Entwickler zu verstecken? Dies hat etwas mit Komplexitätsbewältigung zu tun. So wird die heutige Welt immer schneller, komplizierter und manchmal auch sogar schöner. Um in einer solchen Umgebung noch effektiv arbeiten zu können, müssen Sie sich auf bestimmte Informationen beschränken, andernfalls würden Sie an einer Reizüberflutung zugrunde gehen und nichts fertig bekommen.

Genauso verhält es sich bei der Softwareentwicklung. Wenn Sie heutzutage eine Zeichenkette speichern wollen, dann haben Sie weder Zeit noch Lust, sich darum zu kümmern, erst einmal im Speicher des Computers nach einem freien Speicherplatz Ausschau zu halten, diesen zu reservieren und anschließend dafür zu sorgen, dass Sie den entsprechenden Bereich wieder aufräumen. Diese ganzen stupiden Tätigkeiten sollten unsichtbar im Hintergrund ablaufen. Das Einzige, was Sie am Ende tun wollen, ist, dem Rechner zu sagen: Ich möchte diese Zeichenkette speichern. Um den Rest kümmert sich die Maschine. Und hier sind wir wieder beim Thema *information hidding* angekommen.

Fügen wir unserem Auto nun die Fähigkeit des Beschleunigens hinzu:

Gangschaltung war gestern

```
01   class Car
02     def accelerate
03       puts 'BrumBrum'
04     end
05
06     def shift_gear num
07       print "Wir schalten in den #{num}. Gang."
08       puts ' *KnatterKnatter*'
09     end
10   end
11
12   small_car = Car.new
13   small_car.shift_gear 1
14   small_car.accelerate
15   small_car.shift_gear 2
16   small_car.accelerate
17   small_car.shift_gear 3
18   small_car.accelerate
```

Ergibt:

```
Wir schalten in den 1. Gang. *KnatterKnatter*
BrumBrum
Wir schalten in den 2. Gang. *KnatterKnatter*
BrumBrum
Wir schalten in den 3. Gang. *KnatterKnatter*
BrumBrum
```

Diese Art der Beschleunigung verstößt zu sehr großen Teilen gegen unser *information hidding*-Prinzip. Wir müssen uns nämlich hier um Dinge kümmern (Gänge umschalten), die für die eigentliche Aufgabe aus Anwendersicht überflüssig sind. Unser Ziel ist es ja nicht, einen bestimmten Gang einzulegen. Wir sind vielmehr daran interessiert, die Geschwindigkeit des Autos zu erhöhen. Eine saubere Implementierung müsste also selbst dafür sorgen, die einzelnen Gänge zu erhöhen:

Automatik statt Gangschaltung

```
01    class Car
02      def accelerate
03        puts 'BrumBrum'
04        shift_gear 1
05        puts 'BrumBrum'
06        shift_gear 2
07        puts 'BrumBrum'
08        shift_gear 3
09      end
10
11      def shift_gear num
12        print "Wir schalten in den #{num}. Gang."
13        puts ' *KnatterKnatter*'
14      end
15    end
16
17    small_car = Car.new
18    small_car.accelerate
```

Nun müssen wir nur noch beschleunigen, der Rest wird vom Fahrzeug selbst erledigt. Jetzt gibt es noch eine Sache zu erledigen, und zwar müssen wir den Zugriff auf die Schaltung unterbinden. Bisher kann nämlich ein gelangweilter Anwender trotz automatischer Schaltung die Gänge wie folgt verändern:

```
01    small_car = Car.new
02    small_car.accelerate
03    small_car.shift_gear 88
```

Zugriffs-kontrolle

Dies können wir mit der Methode private verhindern:

```
01    class Car
02      def accelerate
03        puts 'BrumBrum'
04        shift_gear 1
05        puts 'BrumBrum'
06        shift_gear 2
07        puts 'BrumBrum'
08        shift_gear 3
09      end
10
```

```
11    private
12
13    def shift_gear num
14      print "Wir schalten in den #{num}. Gang."
15      puts ' *KnatterKnatter*'
16    end
17  end
```

Sollten wir nun versuchen, auf eine solche private Methode zuzugreifen, erhalten wir eine Fehlermeldung:

```
small_car = Car.new
small_car.shift_gear 88
```

Ergibt:

```
NoMethodError: private method 'shift_gear' called for
    #<Car:0x1c6858>
```

> Neben den Zugriffsmodifikatoren private und public existiert noch der Modifikator protected, der die Zugriffsberechtigung auf Klassenebene regelt.

Achten Sie darauf, dass die Methode private dafür sorgt, dass sämtliche Methoden, die anschließend in der Klasse definiert werden, als private markiert werden. Mit der Methode public können Sie diesen Modus jedoch wieder wechseln. Standardmäßig ist jedoch jede Methode von sich aus public.

Nun kommen wir auf das Thema Vererbung zurück. Vererbung ist ein praktisches Mittel, um bereits vorhandene Fähigkeiten von einer Klasse in einer anderen zu übernehmen und diese dort zu spezialisieren. An unserem Auto-Beispiel könnte dies dann so aussehen:

Vererbung

```
01  class Car
02    def accelerate
03      puts 'BrumBrum'
04    end
05  end
06
```

```
07    class CarWithBrakes < Car
08      def brake
09        puts 'quiiiitsch'
10      end
11    end
12
13    small_ car = Car.new
14    small_car.accelerate
15
16    big_car = CarWithBrakes.new
17    big_car.accelerate
18    big_car.brake
```

In Zeile 7 erstellen wir eine neue Klasse mit dem Namen CarWithBrakes. Mithilfe des <-Operators und eines nachfolgenden
Namens einer zuvor definierten Klasse können wir eine Vererbung durchführen. Die Klasse CarWithBrakes erhält somit sämtliche Methoden der Klasse Car. Zusätzlich zu diesen Methoden
wird in den Zeilen 8 bis 10 eine weitere Methode definiert.
Unsere neue Klasse besitzt somit die accelerate-Methode der
Klasse Car und zusätzlich dazu die neue Methode brake.

Was sind Mixins?

Nachdem wir nun mit Leichtigkeit die unterschiedlichsten Klassen erstellen können, stellt sich die Frage, wie wir diese ganzen
Massen verwalten wollen. Was passiert z.B., wenn wir zwei
Klassen mit demselben Namen erstellen? Die Antwort lautet:
Wir gruppieren die entsprechenden Klassen in *Modulen*. In
anderen Sprachen kommen *Namespaces* damit ins Spiel. In
Ruby werden hingegen *Module* bzw. *Mixins* verwendet. Diese
können weit mehr, als Klassen zu gruppieren. Dazu wie immer
später mehr. Zuerst einmal machen wir uns darüber Gedanken,
wie wir die Autoklasse Jazz von der Musikrichtung Jazz unterscheiden können:

```
01    module Car
02      class Jazz
03        def initialize
04          puts "Made by Honda."
05        end
```

```
06      end
07    end
08
09    module Music
10      class Jazz
11        def initialize
12          puts "Made by Louis Armstrong."
13        end
14      end
15    end
16
17    jazz_car = Car::Jazz.new
18    jazz_music = Music::Jazz.new
```

Ergibt:

```
Made by Honda.
Made by Louis Armstrong.
```

In unserem Beispiel erstellen wir zwei Module mit jeweils einer Klasse. Schließlich können wir über den Namen des Moduls direkt auf die entsprechende Klasse zugreifen.

■ Von Zeile 1 bis 7 wird unser `Car`-Modul definiert. Innerhalb dieses Moduls erstellen wir eine Klasse namens `Jazz`, die beim Initialisieren die Meldung `Made by Honda.` ausgibt.

■ Die Zeilen 10 bis 15 definieren ein `Music`-Modul, das ebenfalls eine Klasse mit dem Namen `Jazz` enthält. Jedoch wird bei dieser Klasse während der Initialisierung die Meldung `Made by Louis Armstrong.` ausgegeben.

■ In Zeile 17 und 18 greifen wir jeweils auf die zwei unterschiedlichen Klassen zu. Dies ist möglich, indem wir zuerst das Modul, in dem sich die Klasse befindet, benennen. Anschließend folgt der ::-Operator und direkt danach der Name der entsprechenden Klasse. Mit der `new`-Methode erzeugen wir anschließend eine Instanz der entsprechenden Klasse.

Mixins als Methodensammlungen

Ein weiterer Verwendungszweck von Modulen ist die Nutzung als Methodensammlung. Damit besteht die Möglichkeit, eine bestimmte Gruppe von Methoden zu erstellen, die anschließend in Klassen bzw. Objekten eingemixt werden können. Daher kommt auch der ebenfalls oft verwendete Name *Mixin*, der in Ruby das Gleiche wie *Modul* bedeutet. Ein Beispiel für eine solche Sammlung sieht wie folgt aus:

```
01  module CarAccessories
02    def accelerate
03      puts 'BrumBrum'
04    end
05
06    def brake
07      puts 'quiiiitsch'
08    end
09  end
10
11  class Car
12    include CarAccessories
13  end
14
15  big_car = Car.new
16  big_car.accelerate
17  big_car.brake
```

Ergibt:

```
BrumBrum
quiiiitsch
```

Wir haben ein neues Modul erstellt, das zwei Methoden enthält. Diese fügen wir unserer Autoklasse hinzu.

■ Die Moduldefinition geht von Zeile 1 bis 9. In Zeile 2 bis 4 und 6 bis 8 werden unsere beiden bereits bekannten Methoden definiert.

■ Die Klassendefinition in Zeile 11 bis 13 enthält das neue Schlüsselwort `include`. Dabei handelt es sich um eine Möglichkeit, in eine Klassendefinition ein Modul zu inkludieren. Das tun wir an Stelle 12 mit dem Modul `CarAccessories`.

- Abschließend können wir ein Objekt der Klasse `Car` erstellen und die beiden Methoden ohne Weiteres verwenden.

An dieser Stelle höre ich Sie schon fragen: Ist das alles? Und wie sollte es anders sein? Es gibt natürlich noch zig andere Methoden, das Gleiche zu machen. Wie wäre z.B. das folgende Konstrukt:

```
01   module CarAccessories
02     def accelerate
03       puts 'BrumBrum'
04     end
05
06     def brake
07       puts 'quiiiitsch'
08     end
09   end
10
11   big_car = Object.new
12   big_car.extend CarAccessories
13   big_car.accelerate
14   big_car.brake
```

Ergibt:

```
BrumBrum
quiiiitsch
```

An dieser Stelle können Sie sich gerne mal am Kopf kratzen. Dieses Konstrukt ist zwar nicht ganz neu, jedoch ein wenig verwirrend, wie ich behaupten möchte. An dieser Stelle möchte ich den Begriff *Eigenclass* erneut erwähnen.

- Zu Beginn definieren wir ganz normal unser Modul in Zeile 1 bis 9.

- In Zeile 11 lernen wir eine neue Klasse kennen. Obwohl, ich habe sie bereits einmal erwähnt, doch ich würde es Ihnen nachsehen, wenn Sie sich nicht mehr daran erinnern können. Bei der Klasse `Object` handelt es sich um die absolute Urklasse von Ruby. Beinahe alles, was sich in Ruby »Klasse« oder »Objekt« nennt, ist in irgendeiner Weise mit der Klasse `Object` verwandt, also eine Art Klassen-Inzucht. An dieser Stelle ist für uns nur interessant, dass wir mit dem Ausdruck `Object.new` ein jungfräuliches Objekt erstellen, das nur die allernötigsten Methoden besitzt. So z.B. die Methode `class`. Ich hoffe, Sie erinnern sich noch an diese.

■ In Zeile 12 können wir nun mit dem jungfräulichen Objekt arbeiten. Und zwar verwenden wir die ebenfalls standardmäßig vorhandene Methode `extend`. Diese macht ihrem Namen alle Ehre und stellt uns die Möglichkeit zur Verfügung, das Objekt zu erweitern. Und zwar können wir, indem wir dieser Methode ein Modul übergeben, die in diesem Modul befindlichen Methoden in das Objekt integrieren.

In den Zeilen 13 und 14 können wir die entsprechenden Fähigkeiten nun verwenden.

L4 Listen, Iteratoren und Blöcke

Das Auflisten von Elementen ist ein essenzieller Bestandteil unseres Lebens. So haben wir eine bestimmte Menge von Aufgaben, die wir auf der Arbeit abarbeiten müssen, eine Liste von Produkten, die wir in der Kaufhalle für das Wochenende besorgen müssen, und eine unendliche Anzahl von Träumen, die wir uns in unserem Leben noch erfüllen werden. Mit den bisherigen Mitteln sind solche Listen sehr ungünstig zu modellieren. Wie würden Sie z.B. Ihre Einkaufsliste gestalten?

```
01   butter = 1
02   toast = 10
03   bumf = 10
04   juice = 2
```

So würde mein erster Ansatz aussehen. Wir erstellen jeweils eine Referenz mit dem Namen des Produkts und instanzieren dazu passend die Anzahl mithilfe einer Zahl. Somit können wir zu einem späteren Zeitpunkt auf die benötigte Menge zugreifen:

```
01   butter = 1
02   puts "Ich brauche #{butter} Stück Butter."
```

Das ist durchaus machbar, jedoch nicht unbedingt flexibel und mit Objektorientierung hat es auch nur sehr begrenzt etwas zu tun. Eine bessere Implementierungsalternative bieten uns die Listen von Ruby. Dieser Typ gibt uns die Möglichkeit, eine Auflistung von Objekten zu erstellen. Dazu gebe ich Ihnen hier erst einmal ein paar Geschmacksproben. Die Erklärung folgt später:

```
01   ['2x Butter', '10x Toast', '1x Klopapier'].each {|e|
     puts e}
02
03   shopping_list = {:Butter => 2, :Toast => 10, :Klopapier
     => 1}
04   puts "Wir brauchen:"
05   shopping_list.each do |k, v|
06     puts "- #{v}x #{k}"
07   end
```

```
08
09    %w(Butter Toast Apfelmus Klopapier).sort.each {|e|
      puts e}
10
11    product_list = {:Butter => 'Du darfst', :Klopapier =>
      'Zewa'}
12    puts "Ich brauche Klopapier vom Hersteller
      #{product_list[:Klopapier]}"
13    puts "#{product_list[:Butter]} keine Butter essen."
```

Probieren Sie die Beispiele einfach mal aus und lassen Sie sich von den Ergebnissen überraschen.

Array

Zuallererst schauen wir uns wie immer die Darstellung an. Sie haben bereits richtig vermutet: Natürlich gibt es einige unterschiedliche Möglichkeiten, eine Liste in Ruby zu erstellen. Nichts Neues im Westen also.

```
01    first_list = ['Butter', 'Toast', "Klopapier"]
02
03    second_list = %w(Butter Toast Klopapier)
04
05    third_list = Array.new
06    third_list[0] = "Butter"
07    third_list << "Toast"
08    third_list.push("Klopapier")
```

In diesem Beispiel erstellen wir drei Listen. Diese haben am Ende allesamt exakt die gleichen Werte.

■ In Zeile 1 nutzen wir die häufigste Initialisierung von einem Array. Mithilfe der [..]-Begrenzer können wir eine Ansammlung von Objekten, die getrennt mithilfe eines Kommas sind, in ein Listenobjekt aufnehmen.

■ Beispiel zwei in Zeile 3 nutzt hierfür eine abgeänderte Syntax. Mithilfe des %-Operators und des Zauberbuchstabens w beginnen wir eine *Array*-Definition. Wenn Sie sich zurück an die Zeichenketten erinnern, dann sollte Ihnen dieses Konstrukts bekannt vorkommen. Damals war der Zauberbuchstabe jedoch q und Q.

Lernen 4: Listen, Iteratoren und Blöcke

■ Das dritte und letzte Beispiel macht das Ganze ein wenig umständlicher. Es wird in Zeile 5 erst einmal ein Objekt von der Klasse `Array` erstellt. Dies wird, wie bereits bekannt, mit der `new`-Methode durchgeführt. In Zeile 6 bis 8 werden nun die einzelnen Elemente hinzugefügt. Lassen Sie sich dabei nicht irritieren, dass das Hinzufügen von Elementen auf drei unterschiedliche Arten passiert. In Zeile 6 greifen wir mithilfe des Konstrukts `[0]` auf das erste Element zu (Listen fangen in Ruby immer mit dem Index 0 an). Wir schreiben dort also an die erste Position den Wert »Butter«. Anschließend folgt mithilfe der `<<`-Methode das einfache Hinzufügen eines weiteren Wertes. Bei dieser Art der Zuweisung müssen wir keine Position angeben, es wird einfach eine neue am Ende der Liste erstellt. In Zeile 8 ist das Vorgehen äquivalent, der einzige Unterschied liegt darin, dass diesmal die Methode `push` verwendet wird. Diese verhält sich jedoch genauso wie die Methode `<<`.

Iteratoren

Nun haben wir also eine Liste erstellt, was tun wir damit? Ich würde empfehlen, wir arbeiten sie ab. Genauso wie eine Todo-Liste können wir nämlich auch ein Array von oben nach unten durchgehen und für jeden Punkt (jedes Objekt) der Liste eine bestimmte Aktion durchführen. Dies wird in Ruby *Iterieren* genannt, passend dazu heißen die Fähigkeiten, die eine solche Aufgabe erfüllen, *Iteratoren*. So würden wir unsere Liste z.B. ganz einfach von oben nach unten durchgehen und die Zeichenketten ausgeben:

```
01   first_list = ['Butter', 'Toast', "Klopapier"]
02   first_list.each do |product|
03     puts "Wir brauchen #{product}."
04   end
```

Ergibt:

```
Wir brauchen Butter.
Wir brauchen Toast.
Wir brauchen Klopapier.
```

**Ein Iterator be-
nötigt einen
Codeblock**

Mit diesem Code lernen wir nun eine weitere Methode und ein komplett neues Konstrukt kennen. Bei der Methode handelt es sich um den Iterator each und bei dem erwähnten neuen Konstrukt um die berühmten *Codeblöcke* von Ruby. Bevor ich nun fortfahre, muss ich Sie darüber informieren, dass Sie mit den Codeblöcken eines der wichtigsten und elegantesten Features von Ruby entdeckt haben. Es gibt in kaum einer anderen weitverbreiteten Sprache ein ähnlich einfaches wie gleichzeitig mächtiges Konstrukt. Es ist weiterhin unverzichtbar, dass Sie die Funktionsweise von diesen Blöcken verstehen. Sofern Sie also bis jetzt nebenbei im Fernsehen noch eine Sendung verfolgt haben, schalten Sie diesen nun aus und schauen Sie sich den folgenden Erklärungsversuch an:

■ In Zeile 1 wird eine normale Liste mit drei Elementen erstellt. Es handelt sich dabei um drei Zeichenketten.

■ In Zeile 2 rufen wir von der bereits erstellten Liste first_list die Methode each auf. Dies ist eine Standardmethode der Klasse Array und damit in jeder Liste direkt nach der Instanzierung verfügbar.

■ Die Methode each bietet jedoch einen riesigen, wenn nicht sogar gewaltigen Unterschied zu allen bisher kennengelernten Methoden. Und zwar kann dieser Methode ein Codeblock übergeben werden.

■ In Zeile 2, beginnend mit dem Schlüsselwort do, bis zur Zeile 4, endend mit dem Schlüsselwort end, verläuft unser Codeblock. Dabei besteht dieser Block aus zwei Bereichen. Zum einen gibt es eine Art Parametrierung am Ende der Zeile 2 (nach dem do), zum anderen gibt es den Implementierungsteil, der sich über die Zeile 3 erstreckt.

■ Der Parametrierungsteil in Zeile 2 enthält den neuen Begrenzer | (Achtung: das ist kein großes »i« oder kleines »L«, sondern die sogenannte *Pipe*, ein einfacher vertikaler Strich). Innerhalb dieser Begrenzer befindet sich eine Referenz mit dem Namen product. Diese Referenz dient nun dazu, bestimmte Werte an den folgenden Codeblock zu übergeben, in diesem Fall den aktuellen Wert der Liste.

■ Der Implementierungsteil in Zeile 3 ist relativ trivial. Wir geben eine Zeichenkette mit den an den Codeblock übergebenen Parametern aus.

■ Wenn das Programm nun abläuft, wird der Codeblock ganz genau drei Mal aufgerufen. Warum drei Mal, fragen Sie sich? Ganz einfach: Für jedes Element in der Liste genau ein Mal. Bei jedem Aufruf wird dabei in dem Codeblock-Übergabeparameter `product` der aktuelle Wert hinterlegt. Dies bedeutet, beim ersten Durchlauf hat `product` den Wert »Butter«, beim zweiten Mal »Toast« und das letzte Mal »Klopapier«.

Ein Codeblock ist also ein Stück Code, der an eine Methode übergeben werden kann und dort von der Methode beliebig oft aufgerufen wird. Weiterhin besitzt die Methode die Möglichkeit, einen Wert an den Codeblock zu senden. Damit kann die Methode die Logik des Codeblocks in gewisser Weise steuern. Wie gewöhnlich das gleiche Beispiel mit anderem Format:

Codeblöcke gibt es auch mit Klammern

```
01  first_list = ['Butter', 'Toast', "Klopapier"]
02  first_list.each { |product| puts "Wir brauchen
    #{product}." }
```

Das Resultat stimmt exakt mit dem vorangegangenen Beispiel überein. Nur, wo ist das Schlüsselwort do? Und warum brauchen wir nun nur noch eine Zeile? Der Grund hierfür liegt in der Tatsache, dass Blöcke in Ruby auf zwei verschiedene Weisen optisch dargestellt werden können. Da wäre das bekannte do ... end-Konstrukt und zusätzlich dazu nun die Variante, statt der beiden Schlüsselwörter die geschweiften Klammern { .. } als Begrenzer zu verwenden. Dabei ist es eine allgemeine Konvention, dass sehr kurze Blöcke in einer Zeile mithilfe dieser Klammerung dargestellt werden. Das ist natürlich keine Pflicht und kann von Ihnen auch ignoriert werden, es hat sich jedoch herausgestellt, dass es für die Lesbarkeit sehr förderlich ist, den Code dementsprechend zu formatieren.

Um das Thema Blöcke noch einmal zu verdeutlichen, ein weiteres Beispiel:

```
01    shopping_list = ['Butter', 'Toast', "Klopapier"]
02    shopping_string = "Wir brauchen:"
03
04    shopping_list.each do |product|
05      shopping_string.concat "\n- #{product}"
06    end
07
08    shopping_string.concat "\n\nDas war auch schon alles."
09
10    puts shopping_string
```

Ergibt:

```
Wir brauchen:
- Butter
- Toast
- Klopapier
```

Das war auch schon alles. Erkennen Sie die Zusammenhänge? Ich denke schon, schauen wir uns den Code mal genauer an:

- In Zeile 1 definieren wir unsere Einkaufsliste. Da es jedoch Leute gibt, die mit Listen nicht so gut klarkommen, erstellen wir in Zeile 2 einen Einkaufszettel.

- Zeile 4 bis 6 verwendet unseren bereits bekannten Iterator each und einen dazugehörigen Codeblock. Diesmal geben wir jedoch nichts aus, sondern ketten eine Zeichenkette an unseren Einkaufszettel an.

- Zeile 5 zeigt uns die bisher unbekannte Methode concat. Dabei handelt es sich um eine Standardmethode der Klasse String, die dazu dient, die jeweils übergebene Zeichenkette an die vorhandene anzuketten. Dieser Abschnitt wird genau drei Mal aufgerufen. Wir fügen also dreimal einen Wert unserer Zeichenkette hinzu. Ich hoffe, dass Sie die Escape-Sequenz \n noch kennen. Richtig, es handelt sich dabei um einen Zeilenumbruch. Diese fügen wir an Ort und Stelle ein, um jedem Produkt auf dem Einkaufszettel eine neue Zeile zu spendieren.

■ Eine zusätzliche Erweiterung unseres Einkaufzettels findet in Zeile 8 statt. Diesmal fügen wir zwei Zeilenumbrüche hinzu und schließen unseren Zettel mit dem Satz »Das war auch schon alles« ab.

■ Zu guter Letzt geben wir unseren Einkaufszettel in Zeile 10 auf der Konsole aus.

Ich hoffe, damit haben Sie schon mal einen ersten Überblick über die Funktionalität eines Blocks erhalten. Mehr folgt in Kürze, doch zuerst lernen wir eine neue Klasse kennen:

Range

```
01   range = 1..10
02   range.each do |num|
03     puts "Wir sind bei #{num}"
04   end
```

Ergibt:

```
Wir sind bei 1
Wir sind bei 2
Wir sind bei 3
Wir sind bei 4
Wir sind bei 5
Wir sind bei 6
Wir sind bei 7
Wir sind bei 8
Wir sind bei 9
Wir sind bei 10
```

Hoppla! Wo kommen denn die ganzen Zahlen her? Die Antwort finden wir in Zeile 1. Dort wird eine *Range* erzeugt, und zwar mit dem Konstrukt 1..10. Damit erstellen wir eine Klasse, die den Zahlenbereich von 1 bis 10 enthält. Sagte ich bereits, dass Ruby sehr verständlich ist? Dieses Konstrukt sollte diese Aussage wohl unterstreichen. Wenn wir in Zeile 1 unsere Range erzeugen, erhalten wir ein Objekt, das über 10 Elemente verfügt, und da es sich bei einer solchen Range ja um eine Art Liste handelt – es werden die Zahlen 1, 2, 3, 4, 5 ... 10 aufbewahrt –, ist die Wahrscheinlichkeit ja gegeben, dass diese Klasse ebenfalls einen Iterator besitzt. Und in der Tat finden wir in Zeile 2 die gleichnamige Methode each. Diese erhält auch in diesem Beispiel einen Codeblock, der ausgegeben wird. Und zwar wird er diesmal zehn Mal ausgeführt, genau ein Mal für jedes Element. Das sollte uns bekannt vorkommen.

Hash

Die Listen, die wir bisher erzeugt haben, waren allesamt sortiert. Sie hatten also einen definierten Start und ein definiertes Ende. Dies wurde dadurch erreicht, dass der Index einer solchen Liste eine Zahl war. Neben dieser existiert jedoch noch eine zweite große Art. Bei dieser handelt es sich um die unsortierten Listen. In Ruby werden diese *Hash* genannt. Andere Programmiersprachen bezeichnen sie auch als *Collection*, *Dictionary* oder auch *Assoziatives Array*. Das Besondere an diesen Listen in Ruby ist nun, dass wir jedes nur erdenkliche Objekt als Index verwenden können. Damit besitzen wir die Möglichkeit, eine Liste mit einer Zeichenkette als Index zu erzeugen. Es gibt also Ähnlichkeiten zu einer Registratur, die mithilfe von kleinen Zetteln organisiert wird. Schauen wir uns zuerst einmal die Darstellung eines solchen Hash an:

```
01   first_hash = {'Butter' => 1, 'Toast' => 10, 'Klopapier'
     => 10}
02   second_hash = {'Butter', 1, 'Toast', 10, 'Klopapier',
     10}
03
04   third_hash = Hash.new
05   third_hash['Butter'] = 1
06   third_hash['Toast'] = 10
07   third_hash['Klopapier'] = 10
```

Wie immer besitzen die drei Referenzen am Ende des Programms exakt den gleichen Inhalt. Wir erstellen drei Listen mit jeweils drei Elementen. Mithilfe eines Hash können wir jedoch zusätzlich den Namen des Index angeben. So haben wir nach der Initialisierung der Liste die Möglichkeit, mithilfe des Wortes

»Butter«, »Toast« oder »Klopapier« direkt auf den dahinterliegenden Wert zuzugreifen. Das würde dann wie folgt aussehen:

```
01    first_hash = {'Butter' => 1, 'Toast' => 10, 'Klopapier'
      => 10}
02
03    puts "#{first_hash['Butter']}x Butter und
      #{first_hash['Toast']}x Toast."
```

Ergibt:

```
1x Butter und 10x Toast.
```

In Zeile 1 erstellen wir unseren Hash. Dieser besitzt drei Elemente, wobei jedes Element einen Namen als Index besitzt (»Butter«, »Toast« und »Klopapier«) und eine Zahl als Wert (1, 10 und 10). In Zeile 3 greifen wir auf zwei dieser Elemente zu. Mithilfe des [..]-Konstrukts können wir direkt auf einen Wert innerhalb eines Hash zugreifen. Besitzt der Hash mit dem Namen first_hash nun einen Index mit dem Namen »Butter«, so können wir darauf zugreifen, indem wir first_hash['Butter'] schreiben. Das Gleiche tun wir in Zeile 3. Dort greifen wir auf das Element mit dem Namen »Butter« und dem Namen »Toast« zu. Der Rückgabewert dieses Konstrukts ist die dahinterliegende Zahl. Alles klar so weit? Wir wäre es damit:

```
01    first_hash = {:Butter => 1, :Toast => 10, :Klopapier =>       Symbole
      10}
02
03    puts "#{first_hash[:Butter]}x Butter und
      #{first_hash[:Toast]}x Toast"
```

Sehen Sie den Unterschied in diesem Beispiel? Er ist nur marginal, aber trotzdem vorhanden. Und zwar verwenden wir nun eine andere Art von Objekten als Index. Statt 'Butter' nutzen wir nun :Butter. Bei diesem neuen Typen handelt es sich um ein *Symbol*. Wozu diese da sind, erzähle ich später, interessant ist an dieser Stelle nur, dass Sie wirklich jedes denkbare Objekt als Index in einem Hash verwenden können. Standardmäßig werden Sie in Ruby-Programmen jedoch nur Zeichenketten und

Symbole als Index finden. Dass es auch andere Möglichkeiten gibt, sollten Sie aber zumindest schon einmal gehört haben.

Zum Thema Symbole noch ein kurzer Hinweis: Der Unterschied zwischen Zeichenketten und diesen Symbolen ist für die erste Betrachtung beinahe irrelevant. Ein Symbol verhält sich wahrscheinlich zu 80% exakt so wie eine Zeichenkette. Die restlichen 20% können Ihnen jedoch bei der intensiven Nutzung hin und wieder Probleme bereiten. Da eine weitere Erklärung an dieser Stelle zu weit führen würde, sei Ihnen nur gesagt, dass es Symbole gibt, dass diese mit einem Doppelpunkt gefolgt von einer Zeichenkette dargestellt werden und bei mehr als einem Wort auch in Anführungszeichen gesetzt werden können. Abschließend der wichtigste Unterschied: Bei allen Symbolen mit demselben Wert handelt es sich auch um exakt dasselbe Objekt. Eine Zeichenkette dagegen ist immer für sich genommen ein eigenes Objekt.

Eine ausführliche Beschreibung von Symbolen finden Sie unter *http://ruby-mine.de/?p=191*.

Iteratoren

Nachdem wir nun unseren Hash erstellt haben und auf ihn zugreifen konnten, wollen wir doch mal wieder zu unseren tollen Iteratoren und Codeblöcken zurückkommen. Können Sie sich vorstellen, welche Methode eines Hash als Iterator fungiert? Schauen Sie selbst:

```
01  first_hash = {'Butter' => 1, 'Toast' => 10, 'Klopapier'
    => 10}
02
03  first_hash.each do |key, element|
04    puts "#{key} brauchen wir #{element}x"
05  end
```

Das Resultat ist folgendes:

```
Toast brauchen wir 10x
Butter brauchen wir 1x
Klopapier brauchen wir 10x
```

Was fällt Ihnen bei diesem Code und dem Resultat auf? Nun, da wäre zuerst einmal die Tatsache, dass das Resultat in anderer Reihenfolge ausgegeben wird, als wir es bei der Definition angegeben haben. So steht in Zeile 1 an erster Stelle `'Butter'`, im Resultat sehen wir jedoch, dass beim ersten Durchlauf `Toast` ausgegeben wird. Der zweite neue Punkt ist, dass unser Parametrierungsteil des Codeblocks in Zeile 3 nun zwei Übergabeparameter besitzt.

- Wir definieren unseren *Hash* in Zeile 1 mit drei Elementen.

- Von Zeile 3 bis 5 erstreckt sich unser Codeblock, in dem wir eine Zeichenkette ausgeben.

- Da jedes Element unseres Hash zwei interessante Werte besitzt (Index und Inhalt), macht es ja irgendwie Sinn, diese beiden Werte bei jedem Durchlauf des Blocks zur Verfügung zu haben. Genau aus diesem Grunde existieren in Zeile 3 nach dem do-Schlüsselwort zwei Referenzen. Die erste namens key zeigt auf den aktuellen Index (z.B. `Butter`) und der zweite Parameter element auf den dazugehörigen Inhalt (z.B. `1`).

- In Zeile 4 geben wir diese beiden Werte nun gemeinsam innerhalb einer Zeichenkette aus.

Die Reihenfolge, mit der unsere Liste abgearbeitet wird, sollte für uns als Entwickler dabei als eher zufällig angesehen werden. Auch wenn mit den exakt gleichen Elementen immer die gleiche Reihenfolge abgearbeitet wird, ist dies nicht der Sinn eines Hash. Diese sind von Grund auf als unsortierte Listen entstanden. Sollten Sie das Interesse haben, eine geordnete Liste zu erstellen, so verwenden Sie dazu bitte Arrays.

Codeblöcke

Zu guter Letzt dieses Abschnitts nun ein kleines Highlight. Wie oft erwähnt, sind Codeblöcke, richtig angewandt, ein absoluter Leckerbissen. Bisher haben wir diese Blöcke nur in Verbindung

Sortieren von Listen

mit der Methode each angetroffen. Es gibt jedoch einen Haufen anderer Methoden, die ebenfalls mit Blöcken arbeiten. Schauen wir uns dazu zuallererst die Methode sort an:

```
01    list = ['cola', 'Apfelmus', 'Orangensaft',
       'klopapier']
02
03    puts list.sort
```

Ergibt:

```
Apfelmus
Orangensaft
cola
klopapier
```

Zu dieser Ausgabe muss ich erwähnen, dass, wenn man eine Liste mit dem Befehl puts ausgibt, jedes Element in eine eigene Zeile geschrieben wird. Was ist jedoch passiert? Bevor wir die Liste ausgegeben haben, haben wir in Zeile 3 auf die Liste die Methode sort angewendet. Wenn wir uns das Resultat jedoch anschauen, sieht es nicht wirklich sortiert aus, oder doch? Die Wahrheit ist, dass Ruby standardmäßig zuerst alle Wörter mit großen Buchstaben alphabetisch sortiert und anschließend die Wörter mit Kleinbuchstaben verarbeitet. Dies ist jedoch nicht das, was ich als Mensch erwarten würde. Für mich würde eine korrekte Sortierung so aussehen:

```
Apfelmus
cola
klopapier
Orangensaft
```

Modifiziertes Sortieren von Listen

Um dies zu erreichen, können wir die Methode sort_by verwenden. Schauen wir zuerst, wie es funktioniert:

```
01    list = ['cola', 'Apfelmus', 'Orangensaft',
       'klopapier'].
03
02    puts list.sort_by {|element| element.downcase}
```

Ergibt:

```
Apfelmus
cola
klopapier
Orangensaft
```

Na, das sieht doch schon besser aus. Nur, wie geht das? In Zeile 3 rufen wir die Methode `sort_by` auf. Die Besonderheit liegt hier nun wieder in der Tatsache, dass wir der Methode einen Codeblock übergeben können. Dieser Codeblock bekommt einen Übergabeparameter namens `element` und führt nur eine einzige Aktion aus. Er wendet die Methode `downcase` auf den entsprechenden Übergabeparameter an. Wie arbeitet nun `sort_by`:

- Der erste wichtige Punkt für ein Verständnis ist die Erkenntnis, dass jeder Aufruf eines Blocks einen Rückgabewert liefert. Das bedeutet, wenn wir einen Block dreimal aufrufen, dann erhalten wir drei Rückgabewerte. Ob wir etwas mit diesen Werten anstellen, bleibt uns völlig freigestellt. Bisher haben wir nichts damit getan.

- `sort_by` sammelt nun sämtliche Rückgabewerte und erstellt aus jedem davon wiederum eine Liste. Aber was sind die Rückgabewerte? Nun, Ruby gibt automatisch immer den letzten Ausdruck einer Anweisung zurück. Sollten wir also mehrere Befehle innerhalb eines Blocks haben, so wird nur das Ergebnis des letzten Ausdrucks zurückgegeben. In unserem Beispiel mit `sort_by` haben wir nur einen Ausdruck und folglich wird das Resultat dieses Ausdrucks an den Block zurückgegeben.

- Die Methode `downcase` ist eine Standardmethode von allen Zeichenketten (ähnlich wie `upcase`). Sie wandelt alle Zeichen einer Zeichenkette in Kleinbuchstaben um.

- Nachdem der Block also vier Mal ausgeführt wurde, pro Element in der Liste genau ein Mal, haben wir genau vier Rückgabewerte erhalten. Bei diesen Werten handelt es sich um alle Zeichenketten, die in der Liste existieren, mit dem Unterschied, dass sie nun alle kleingeschrieben werden.

- Damit ist aber die Funktion von `sorty_by` noch nicht beendet. Der letzte Schritt wendet nun auf diese neue Liste die Methode `sort` an. Wir erinnern uns, diese Methode sortiert Zeichenketten zuerst anhand der Groß-/Kleinschreibung und anschließend anhand des Alphabets. Da wir jedoch nun alle Zeichen in Kleinbuchstaben umgewandelt haben, wird nur noch eine alphabetische Sortierung durchgeführt.

- Am Ende erhalten wir unsere sortierte Liste zurück. Das Besondere ist hierbei jedoch, dass diese nun wieder die ursprünglichen Werte enthält, also mit der zuvor noch vorhandenen Groß- und Kleinschreibung. Damit haben wir die Werte nicht verändert, sondern einzig und allein nach unseren Vorgaben sortiert.

Alle Elemente einer Liste umwandeln

Ich behaupte einfach mal, dass dieses Vorgehen von `sort_by` nicht unbedingt sehr leicht zu verstehen ist. Deshalb schauen wir uns einfach einmal ein weiteres Codeblock-Beispiel an:

```
01   list = ['cola', 'Apfelmus', 'Orangensaft',
       'klopapier']
02
03   puts list.collect {|element| element.upcase}
```

Ergibt:

```
COLA
APFELMUS
ORANGENSAFT
KLOPAPIER
```

Hier verwenden wir nun die Methode `collect`. Diese erstellt eine neue Liste mithilfe eines Codeblocks, die anschließend mithilfe von `puts` ausgegeben wird.

- Wie schon bei `sort_by` wird auch bei `collect` genau ein Übergabeparameter an den Block übergeben.

- Auf diesen Übergabeparameter wird die Methode `upcase` angewendet. Diese Methode wandelt sämtliche Buchstaben mal wieder in Großbuchstaben um.

- Nachdem alle Elemente durchlaufen wurden, wird eine Liste mit vier Elementen zurückgegeben. Bei diesen Elementen handelt es sich um die gleichen Zeichenketten, jedoch sind diese nun alle in Großbuchstaben umgewandelt worden.

Wenn Sie die Schreibweise ein wenig verwirrt, hier nun eine alternative Möglichkeit, exakt das gleiche Resultat zu erhalten:

```
01    list = ['cola', 'Apfelmus', 'Orangensaft',
      'klopapier']
02
03    new_list = list.collect do |element|
04      element.upcase
05    end
06
07    new_list.each do |element|
08      puts element
09    end
```

Wenn Ihnen eine solche Schreibweise besser gefällt, können Sie diese natürlich statt der geschweiften Klammern immer verwenden. Wie jedoch bereits zuvor erwähnt, ist es gute Praxis in Ruby, einen einzeiligen Codeblock mit geschweiften Klammern zu versehen.

- Von Zeile 3 bis 5 erstreckt sich unser collect-Codeblock. Wie Sie hier sehr schön sehen, können Sie direkt den Rückgabewert dieses Blocks in einer eigenen Referenz hinterlegen.

- In Zeile 7 habe ich zur Verdeutlichung die Schreibweise des puts-Befehls nun ein wenig verlängert. Dies soll Ihnen zeigen, dass Sie vom collect-Codeblock tatsächlich ein ganz gewöhnliches Array zurückerhalten. In diesem Beispiel gehen wir das Array Zeile für Zeile durch und geben jeweils nur den Inhalt aus. Wie bereits gezeigt, kann diese Schreibweise auch mit puts new_list abgekürzt werden.

Löschen von bestimmten Elementen aus einer Liste

Ein letztes Beispiel für Codeblöcke ist die Methode `delete_if`. Mit ihrer Hilfe können Sie in einem Array nach einem oder mehreren Elementen suchen und diese aus der Liste löschen:

```
01    list = ['cola', 'Apfelmus', 'Orangensaft',
      'klopapier']
02
03    puts list.delete_if {|element| element ==
      'Orangensaft'}
```

Ergibt:

```
cola
Apfelmus
klopapier
```

Wie Sie sehen, fehlt nach der Ausgabe das Element `Orangensaft`. Es wurde mithilfe von `delete_if` aus dem Array entfernt.

■ Wir übergeben dem Codeblock von `delete_if` einen Übergabeparameter. Darin befindet sich der jeweils aktuelle Wert der Liste.

■ Innerhalb unseres Codeblocks führen wir nun einen booleschen Vergleich durch. Wir prüfen mithilfe des `==`-Operators, ob der aktuelle Wert mit der Zeichenkette »Orangensaft« übereinstimmt. Sollte dies der Fall sein, wird die Methode `delete_if` angewiesen, das aktuelle Element zu löschen.

■ Am Ende wird eine Liste zurückgegeben, die nur noch die nicht gelöschten Elemente enthält.

Bei der Verwendung von `delete_if` ist Vorsicht geboten. Nach der Anwendung fehlt das gelöschte Element auch in der ursprünglichen Referenz. Die Methoden `sort_by` und `collect` verändern dagegen diese nicht.

yield

Solche Blöcke zu verwenden, ist schon eine tolle Sache. Aber das Konzept ist weit mächtiger, denn die wahre Kunst bei den Codeblöcken liegt nicht darin, sie einfach zu verwenden, sondern sie selbst zu implementieren. Wie wäre es z.B. mit dem folgenden Beispiel:

```
01    def repeat_three_times
02       yield
03       yield
04       yield
05    end
06
07    repeat_three_times do
08       puts "Ich muss mich wiederholen."
09    end
```

Ergibt:

```
Ich muss mich wiederholen.
Ich muss mich wiederholen.
Ich muss mich wiederholen.
```

Sieht das nützlich aus? Im Moment vielleicht noch nicht, aber tasten wir uns einfach mal an dieses Beispiel heran.

■ Von Zeile 1 bis 5 definieren wir unsere Methode repeat_three_times. Diese enthält in Zeile 2, 3 und 4 jeweils das neue Schlüsselwort yield. Dieses dient dazu, den übergebenen Block aufzurufen. Von oben nach unten gesehen, rufen wir also dreimal den Block auf, ohne zu wissen, was darin steht.

■ In Zeile 7 rufen wir die Methode nun auf. Darauf folgend erstreckt sich bis Zeile 9 unser Codeblock. Dieser enthält eine Textausgabe, die eine Zeichenkette ausgibt.

■ Das alles zusammengeführt bedeutet nun, dass der Codeblock, den wir an die Methode übergeben, eine Zeichenkette ausgibt und von der Methode dreimal über das Schlüsselwort yield aufgerufen wird.

Eine alternative Implementierung, die für einige eventuell ein wenig deutlicher ist, könnte wie folgt aussehen:

&block statt yield

```
01  def repeat_three_times(&block)
02    block.call
03    block.call
04    block.call
05  end
06
07  repeat_three_times do
08    puts "Ich muss mich wiederholen."
09  end
```

Zurückgegeben wird exakt das Gleiche wie zuvor. Aber statt unseres Schlüsselwortes yield verwenden wir nun die Referenz block, die wir dreimal aufrufen.

- Direkt in Zeile 1 definieren wir in der Methodensignatur nun einen Übergabeparameter mit dem Namen block. Das Sonderzeichen & davor bedeutet, dass es sich bei dieser Referenz um einen Codeblock handelt.

- Die Zeilen 2, 3 und 4 verwenden jeweils die Methode call des Codeblock-Objekts. Damit wird der jeweilige Code im Block ausgeführt. Insgesamt also dreimal.

- Der Rest ist wie gehabt.

Parameter neben Blöcken

Wir besitzen also die Möglichkeit, auf zwei unterschiedliche Arten einen Codeblock innerhalb einer Methode zu verwenden. Richtig interessant wird das Ganze aber erst, wenn wir der Methode neben dem Codeblock auch noch weitere Übergabeparameter mitsenden.

```
01  def repeat(num)
02    num.times do
03      yield
04    end
05  end
06
07  repeat(5) do
08    puts "Ich muss mich wiederholen."
09  end
```

Ergibt:

```
Ich muss mich wiederholen.
Ich muss mich wiederholen.
Ich muss mich wiederholen.
Ich muss mich wiederholen.
Ich muss mich wiederholen.
```

Diesmal übergeben wir unserer Methode einen weiteren Parameter, und zwar die Anzahl, wie oft unser Codeblock wiederholt werden soll.

- In Zeile 1 definieren wir den neuen Übergabeparameter num.

- Mithilfe der Methode times können wir einen Codeblock in einer bestimmten Häufigkeit wiederholen. Im Objekt num wird hierbei eine Zahl erwartet, sollte diese Zahl z.B. 5 sein, so wird der an die Methode times übergebene Codeblock genau fünf Mal wiederholt.

- Der von times wiederholte Codeblock enthält das Schlüsselwort yield. Es wird also in jeder Wiederholung der übergebene Codeblock aufgerufen.

- In Zeile 7 rufen wir die Methode nun mit dem Übergabeparameter 5 und einem Codeblock auf. Damit wird der entsprechende Codeblock fünf Mal wiederholt und die entsprechenden Zeichenketten werden ausgegeben.

Wenn Sie den Codeblock als Übergabeparameter betrachten, würde das Ganze auch so darstellbar sein:

```
01   def repeat(num, &block)
02     num.times do
03       block.call
04     end
05   end
06
07   repeat(5) do
08     puts "Ich muss mich wiederholen."
09   end
```

Codeblock-Parameter

Damit können wir schon mal bestimmte Codebereiche wiederholen. Nun wollen wir aber sicherlich diese Blöcke auch noch mit weiteren Methoden parametrieren. Wir erinnern uns z.B. an den Iterator each, der bei jedem Aufruf ein weiteres Element an den aktuellen Block übergibt. Die Implementierung könnte z.b. so aussehen:

```
01   def repeat_two_times
02     yield 1
03     yield 2
04   end
05
06   repeat_two_times do |count|
07     puts "Dies ist die #{count}. Wiederholung"
08   end
```

Ergibt:

```
Dies ist die 1. Wiederholung
Dies ist die 2. Wiederholung
```

Können Sie sich vorstellen, wie das funktioniert? Ich denke, Sie haben eine Ahnung.

■ In Zeile 2 und 3 rufen wir nun zweimal mithilfe des Schlüsselwortes yield unseren Codeblock auf. Dabei übergeben wir nun aber einen zusätzlichen Parameter: beim ersten Aufruf die Zahl 1 und beim zweiten Aufruf die Zahl 2.

■ Wenn wir nun in Zeile 6 unsere Methode aufrufen, wird die Referenz count hinter dem Schlüsselwort do auf den Übergabeparameter gesetzt.

■ Beim ersten Durchlauf erhält der Wert count nun die Zahl 1, beim zweiten Mal die Zahl 2.

■ In Zeile 7 verwenden wir die Zahl, um eine passende Zeichenkette auszugeben.

Und nun noch mal mit dem &block-Parameter:

```
01   def repeat_two_times(&block)
02     block.call(1)
03     block.call 2
```

```
04   end
05
06   repeat_two_times do |count|
07     puts "Dies ist die #{count}. Wiederholung"
08   end
```

Eine Besonderheit von Ruby sehen Sie hierbei in Zeile 2 und 3. Bisher habe ich Sie noch nicht darauf hingewiesen, deshalb tue ich dies jetzt. Wenn Sie eine Methode in Ruby aufrufen und dieser einen Übergabeparameter mitgeben, so können Sie diesen Parameter entweder in Klammern setzen oder ohne Klammern übergeben. Das ist einzig und allein Ihre Geschmackssache. Beachten Sie jedoch, dass Sie für eine bessere Lesbarkeit hin und wieder Klammern verwenden sollten. Auch sind komplexere Konstrukte ohne Klammern schlecht zu implementieren.

Zu guter Letzt wollen wir nun die Anzahl der Wiederholungen unseres Codeblocks bestimmen und gleichzeitig die aktuelle Wiederholungsnummer an den Codeblock übergeben:

Block- und Methodenparameter

```
01   def repeat(num)
02     (1..num).each do |count|
03       yield count
04     end
05   end
06
07   repeat(5) do |count|
08     puts "Dies ist die #{count}. Wiederholung"
09   end
```

Ergibt:

```
Dies ist die 1. Wiederholung
Dies ist die 2. Wiederholung
Dies ist die 3. Wiederholung
Dies ist die 4. Wiederholung
Dies ist die 5. Wiederholung
```

Damit es nicht ganz so einfach ist, habe ich nun noch ein von vorhin bekanntes Konstrukt verwendet, und zwar die Klasse Range. Ich hoffe, Sie können sich noch erinnern.

- Wir geben der Methode `repeat` nun einen Übergabeparameter namens `num`.

- In Zeile 2 erstellen wir eine Range, diese Range geht von der Zahl 1 bis zu der übergebenen Zahl `num`.

- Auf die nun erzeugte Range wenden wir den Iterator `each` an. Wir erinnern uns, dieser iteriert über jeden Eintrag der Range und übergibt den jeweils aktuellen an den übergebenen Codeblock.

- Unser Block erhält den Übergabeparameter `count`, der jeweils den aktuellen Wert enthält. In Zeile 3 rufen wir nun den an die Methode `repeat` übergebenen Codeblock auf, gleichzeitig übergeben wir den aktuellen `count` an diesen Block.

- Zeile 7 ruft die Methode `repeat` mit dem Übergabeparameter 5 auf. Weiterhin folgt der Codeblock mit dem Parameter `count`. In Zeile 8 geben wir nun pro Durchlauf den aktuellen Wert aus.

Das Ganze mit einem `&block` zu implementieren, überlasse ich Ihnen.

L5 Kontrollstrukturen

Um Software zu entwickeln, reicht es leider nicht, Dinge in irgendwelche Objekte zu pressen und auf diese Methoden anzuwenden. Um wirklich nützliche Programme zu schreiben, brauchen wir eine weitere Art von Konstrukten. Bei diesen handelt es sich um *Kontrollstrukturen* und diese sehen z.B. so aus:

```
01   if 1 == 2
02     puts 'Der Vergleich ist korrekt.'
03   else
04     puts 'Der Vergleich ist falsch.'
05   end
06
07   unless 1 == 2
08     puts 'Der Vergleich ist falsch'
09   else
10     puts 'Der Vergleich ist korrekt.'
11   end
12
13   case 'Orangensaft'
14   when 'Cola'
15     puts 'Schwarz, lecker und Koffein'
16   when 'Klopapier'
17     puts 'Damit kann man Teile seines Körpers reinigen.'
18   when 'Orangensaft'
19     puts 'Das kann man trinken und ist gesund.'
20   end
21
22   for element in ['Cola', 'Klopapier', 'Orangensaft']
23     puts element
24   end
```

Kontrollstrukturen können den normalen Ablauf eines Programms unterbrechen. Aber was ist der normale Ablauf? Nun, wenn wir ein Programm starten, dann wird Ruby versuchen, Zeile für Zeile von oben nach unten jede Zeile zu lesen und auszuführen. Mithilfe von bestimmten Kontrollstrukturen ist es

Was sind Kontrollstrukturen?

nun möglich, bestimmte Dinge in einem Programm zu überspringen oder zu wiederholen. Dabei können diese Abläufe aufgrund bestimmter Bedingungen durchgeführt werden. Schauen
Sie sich dazu das folgende Beispiel an:

```
01   if 1 == 2
02       puts 'Der Vergleich ist korrekt.'
03   else
04       puts 'Der Vergleich ist falsch.'
05   end
```

Ergibt:

```
Der Vergleich ist falsch.
```

if-Konstrukt

Ein kurzes Überfliegen dieses Quelltextes wird uns bewusst
machen, dass wir den ersten `puts`-Befehl übersprungen haben
und nur der zweite ausgeführt wurde.

- In Zeile 1 lernen wir ein neues Schlüsselwort kennen. Bei `if`
  handelt es sich um eine Einleitung einer bedingten Anweisung. Direkt dahinter steht der Ausdruck `1 == 2`. Das erste
  und das letzte Zeichen kennen wir bereits. Es handelt sich
  dabei um Zahlen. Der Operator in der Mitte `==` ist jedoch
  neu. Bei diesem Ausdruck handelt es sich um einen Vergleich, der testet, ob der erste Wert (1) mit dem zweiten Wert
  (2) übereinstimmt. Sollte dies der Fall sein, so gibt dieser
  Ausdruck den Wert `true` zurück. Sollte dies nicht der Fall
  sein, gibt er `false` zurück.

- Das `if`-Konstrukt besteht nun aus zwei Bereichen, getrennt
  durch das Schlüsselwort `else`. Stellen Sie sich diese Bereiche wie Codeblöcke vor. Der erste führt die Anweisung `puts`
  `'Der Vergleich ist korrekt.'` durch. Der zweite Abschnitt
  führt `puts 'Der Vergleich ist falsch.'` aus.

- Der Ausdruck hinter dem Schlüsselwort `if` bestimmt nun,
  welcher Abschnitt ausgeführt wird. Sollte die Bedingung
  `true` zurückgeben (also wahr sein), wird der erste Codeblock ausgeführt. Sollte sie jedoch `false` (falsch) zurückge-

ben, so wird der zweite Codeblock, der hinter else steht, ausgeführt.

■ Der Ausdruck 1 == 2 gibt nun false zurück, da ein Vergleich zwischen 1 und 2 nur falsch sein kann, denn 1 ist nicht 2.

Um das Ganze besser zu verdeutlichen, führen wir einfach mal einen Vergleich durch, der true zurückgibt:

```
01   if 1 == 1
02       puts 'Der Vergleich ist korrekt.'
03   else
04       puts 'Der Vergleich ist falsch.'
05   end
```

Ergibt

```
Der Vergleich ist korrekt.
```

Nun haben wir eine kleine Stelle angepasst. Und zwar wurde aus dem Ausdruck 1 == 2 der Ausdruck 1 == 1. Da dieser Vergleich wahr ist, also true zurückgibt, wird nun der erste Block ausgeführt.

Neben dem ==-Operator gibt es noch einige andere, die man aus der Mathematik kennt:

```
01   if 1 < 3
02       puts '1 ist kleiner als 3'
03   else
04       puts '3 ist kleiner als 1'
05   end
06
07   if 1 > 3
08       puts '1 ist groeßer als 3'
09   else
10       puts '3 ist groeßer als 1'
11   end
12
13   if 1 != 2
14       puts '1 ist nicht gleich 2'
15   else
16       puts '1 ist gleich 2'
```

```
17    end
18
19    if 1 <= 1
20       puts '1 ist kleiner gleich 1'
21    else
22       puts '1 ist nicht kleiner gleich 1'
23    end
24
25    if 1 >= 0
26       puts '1 ist groeßer gleich 1'
27    else
28       puts '1 ist nicht groeßer gleich 1'
29    end
```

Ergibt:

```
1 ist kleiner als 3
3 ist groeßer als 1
1 ist nicht gleich 2
1 ist kleiner gleich 1
1 ist groeßer gleich 1
```

Mit diesen Rückgabewerten sollten wir schon mal was anfangen. Ruby scheint die Gesetze der Mathematik kaum zu verbiegen.

■ Der Operator < in Zeile 1 führt einen Vergleich zwischen zwei Werten durch. Dabei gibt er nur dann true zurück, wenn der erste Wert kleiner als der zweite ist.

■ > in Zeile 7 gibt dann true zurück, wenn der erste Wert größer als der zweite ist.

■ Die Operation 1 != 2 ist das genaue Gegenteil von 1 == 2. Hier wird nur dann true zurückgegeben, wenn der erste Wert sich vom zweiten unterscheidet.

■ Die Zeilen 19 und 25 zeigen jeweils einen gemixten Operator. <= gibt dann true zurück, wenn der erste Wert kleiner oder genau gleich dem zweiten ist. >= tut es diesem Operator gleich. Jedoch muss der zweite Wert kleiner oder gleich sein.

Zu dem Thema true und false sei noch gesagt, dass Ruby jeden Wert, der nicht false oder nil entspricht, als true ansieht. Dies ist für komplexere Beispiele wichtig zu wissen, da man damit sehr praktische Konstrukte erstellen kann. Weiterhin wäre die Frage nach der Bedeutung von nil an dieser Stelle ganz interessant. Bei nil handelt es sich um einen Wert, der eigentlich keiner ist. nil bedeutet *not in list* und steht dafür, dass ein bestimmter Verweis nicht auf ein richtiges Objekt im Speicher zeigt.

Nun geht es weiter mit ein paar nützlicheren Vergleichen:

Mehrfache if-Statements sehen hässlich aus

```
01   list = ['Cola', 'Klopapier', 'Orangensaft']
02
03   list.each do |element|
04     if element ==  'Cola'
05       puts 'Schwarz, lecker und Koffein'
06     end
07
08     if element ==  'Klopapier'
09       puts 'Damit kann man Teile seines Körpers
     reinigen.'
10     end
11
12     if element ==  'Orangensaft'
13       puts 'Das kann man trinken und ist gesund.'
14     end
15   end
```

Ergibt:

```
Schwarz, lecker und Koffein
Damit kann man Teile seines Körpers reinigen.
Das kann man trinken und ist gesund.
```

Bei diesem Beispiel verwenden wir einen Iterator und drei Bedingungen. Dabei prüfen wir auf den Inhalt eines Elements und geben einen sinnvollen und passenden Text dazu aus.

- In Zeile 1 definieren wir unsere bereits bekannte Liste.

- Von Zeile 3 bis 15 haben wir unseren Iterator, der über jedes einzelne Element iteriert.

- Die drei Bedingungen (Zeile 4 bis 6, 8 bis 10 und 12 bis 14) prüfen jeweils, ob das aktuelle Element mit dem gewünschten übereinstimmt. Sollte dies der Fall sein, wird ein entsprechender Text ausgegeben.

elsif statt verschachtelte if

Und nun versuchen wir das Ganze ein bisschen eleganter:

```
01  list = ['Cola', 'Klopapier', 'Orangensaft']
02
03  list.each do |element|
04    if element == 'Cola'
05      puts 'Schwarz, lecker und Koffein'
06    elsif element ==  'Klopapier'
07      puts 'Damit kann man Teile seines Körpers reinigen.'
08    elsif element == 'Orangensaft'
09      puts 'Das kann man trinken und ist gesund.'
10    end
11  end
```

Ergibt ebenfalls:

```
Schwarz, lecker und Koffein
Damit kann man Teile seines Körpers reinigen.
Das kann man trinken und ist gesund.
```

Neben dem auffälligsten Merkmal, dass wir mit dieser Implementierung vier Zeilen Code gespart haben, gibt es auch noch ein neues Schlüsselwort mit dem Namen elsif. Dieses Konstrukt stammt von den beiden Wörtern else und if ab. Und damit haben wir schon mal eine kleine Vorstellung davon, was dieser Code macht. Sollte eine Bedingung nicht zutreffen, springt Ruby zum nächsten Codeblock. Da dieser jedoch nicht aus dem Schlüsselwort else, sondern elsif besteht, muss vor der Ausführung dieses Codeblocks eine weitere Bedingung geprüft werden. Sollte diese diesmal true zurückgeben, wird der entsprechende Block ausgeführt. Sollte dies nicht der Fall sein, wird zum nächsten Codeblock gesprungen. Dies wird so lange durchgeführt, bis kein weiterer Block mehr vorhanden ist. Der Vorteil daran ist, dass Sie sich die end-Schlüsselwörter sparen können.

Wie sollte es anders sein, gibt es eine weitere Methode, die ähnlich dem elsif arbeitet:

case statt verschachtelter elsif

```
01  list = ['Cola', 'Klopapier', 'Orangensaft']
02
03  list.each do |element|
04    case element
05    when 'Cola'
06      puts 'Schwarz, lecker und Koffein'
07    when 'Klopapier'
08      puts 'Damit kann man Teile seines Körpers
   reinigen.'
09    when 'Orangensaft'
10      puts 'Das kann man trinken und ist gesund.'
11    end
12  end
```

Dieser Code gibt exakt dasselbe wie die beiden zuvor genannten Varianten zurück. Diesmal haben Sie jedoch keine weiteren Codezeilen gespart, dafür haben Sie jedoch die Bedingungen abgekürzt.

■ In Zeile 4 finden wir das neue Schlüsselwort case. Dieses bekommt einen Wert mitgegeben.

■ Weiterhin folgen einige Codeblöcke, die mit dem Schlüsselwort when eingeleitet werden. Diesen Schlüsselwörtern wird ebenfalls ein Wert mit übergeben.

■ Die Funktionsweise ist nun wie folgt: Der case-Befehl initialisiert den Vergleich mit der übergebenen Referenz. Anschließend sucht er in den nachfolgenden Blöcken ein when-Schlüsselwort, das einen Parameter besitzt, der mit der Referenz übereinstimmt.

■ Sollte ein solcher Wert gefunden werden, wird der nachfolgende Block ausgeführt.

Bei der intensiven Nutzung von case wird Ihnen auffallen, dass dieses Konstrukt nicht den Standardvergleichsoperator == verwendet, sondern den Operator ===. Die Unterschiede sind filigran und sollten für Sie erst bei einer intensiven Nutzung an Interesse gewinnen.

unless ist das Gegenteil von if

Ein etwas ungewöhnliches Konstrukt ist das Folgende:

```
01   unless 1 == 1
02      puts 'Wert ist ungleich'
03   else
04      puts 'Wert ist gleich'
05   end
```

Es ergibt nämlich:

```
Wert ist gleich
```

Im Unterschied zu if arbeitet unless negiert. Dies bedeutet, der erste Block wird nur dann ausgeführt, wenn der Ausdruck false ist. Andernfalls wird der zweite Block ausgeführt. Das restliche Verhalten ist parallel zu if.

Verwenden Sie unless, um Negierungen mit dem if-Statement einzusparen.

Schleifen

Im vorangegangenen Kapitel haben wir die Iteratoren kennengelernt. Wenn Sie bereits eine andere Programmiersprache kennen, haben Sie sich bestimmt gefragt, warum für solche Fälle keine Schleifen verwendet werden. Nun, die Antwort ist, dass ich persönlich Schleifen nicht so sehr mag. Ruby stellt es Ihnen jedoch frei, diese Konstrukte zu verwenden. Ich muss gestehen, manchmal kommen Sie auch kaum um die Verwendung einer Schleife herum. Jedoch werden Schleifen in Ruby deutlich seltener eingesetzt als in anderen Sprachen. Das Zauberwort heißt hier immer wieder Iteratoren. Unsere Abarbeitung der Listen könnte deshalb auch so aussehen:

```
01   list = ['Cola', 'Orangensaft', 'Klopapier']
02   count = 0
03
04   while count < list.length
05     puts "Wir brauchen #{list[count]}."
06
07     count += 1
08   end
```

Ergibt:

```
Wir brauchen Cola.
Wir brauchen Orangensaft.
Wir brauchen Klopapier.
```

In der Tat kenne ich Leute, die diese Schreibweise deutlich schöner als die Methode each finden. Sollten es Ihnen ähnlich ergehen, zögern Sie nicht, diese Variante zu nutzen. Ruby stellt diese Konstrukte gerade zur Verfügung, weil jeder Entwickler einen anderen Geschmack hat. Programmieren Sie so, wie Sie es für schön halten. Sollten Sie jedoch professionelle Ambitionen haben, so entwickeln Sie sich selber einen Styleguide, den Sie auch befolgen sollten. Es gibt kaum schlimmeren Code, als den, der sich ständig unterscheidet. Entscheiden Sie sich deshalb für ein Konstrukt, das Sie am wenigsten bei Ihrer Arbeit behindert, und verwenden Sie dieses konsequent. Aber zurück zum Quelltext:

■ In Zeile 1 definieren wir unsere Liste. Direkt danach wird unser Schleifenzähler mit dem Namen count definiert. Von Zeile 4 bis Zeile 8 erstreckt sich nun unsere while-Schleife.

■ Eine solche Schleife wird mit dem Schlüsselwort while eingeleitet, gefolgt von einem Ausdruck. Anschließend wir der folgende Codeblock so lange ausgeführt, wie der Ausdruck hinter dem while-Schlüsselwort true zurückgibt.

- Unser Ausdruck lautet `count < list.length`. Hierbei wird auf unsere Liste mit der Methode `length` zugegriffen. Diese gibt die Anzahl der Elemente in einer solchen Liste zurück.

- In Zeile 5 geben wir nun eine Zeichenkette aus. Wir greifen auf das Array mithilfe unseres Schleifenzählers zu. Dadurch erhalten wir den Wert von der entsprechenden Position.

- In Zeile 7 erhöhen wir unseren Schleifenzähler um 1. Mit dem Operator `+=` führen wir eine Addition um einen bestimmten Wert durch. Man hätte auch schreiben können: `count = count + 1`.

An dieser Stelle sei explizit auf die Zeile 7 hingewiesen. Diese ist ein Grund dafür, weshalb ich diese Art der Schleifen nicht mag. Stellen Sie sich vor, Sie hätten diesen Codeabschnitt vergessen. Was, denken Sie, würde passieren? Wollen Sie es ausprobieren? STOP, nein, probieren Sie es nicht aus. Ich verrate Ihnen, dass Sie damit eine Endlosschleife erzeugen würden. Und zwar einfach aufgrund der Tatsache, dass Sie den Zähler immer auf 0 belassen. Dies führt dazu, dass die Bedingung `count < list.length` immer `true` bleibt – und zwar bis zum Ende der intergalaktischen Zeit und eventuell sogar noch darüber hinaus. So etwas kann Ihnen bei einer korrekt implementierten `each`-Methode übrigens nicht so passieren. Aber ich möchte Sie hier nicht beeinflussen ;-)

for .. in ..

Die nächste Schleifenart sagt mir persönlich auch schon ein bisschen mehr zu. In anderen Sprachen nennt man sie *for each*. In Ruby heißt sie einfach `for .. in ..`:

```
01   list = ['Cola', 'Orangensaft', 'Klopapier']
02
03   for element in list
04      puts "Wir brauchen #{element}."
05   end
```

Sie erhalten dasselbe Ergebnis wie zuvor. Dabei haben Sie jedoch drei Zeilen Code gespart. Schöne Sache, wie ich finde.

Die Wahrscheinlichkeit einer Endlosschleife wurde auch drastisch reduziert.

- In Zeile 3 wird unsere `for .. in ..`-Schleife initialisiert. Dabei wird direkt hinter dem Schlüsselwort `for` die Referenz angegeben, in der nun pro Durchlauf der entsprechende Wert hinterlegt werden soll. Nach dem Schlüsselwort `in` folgt unsere Liste.

- Ab Zeile 4 können wir nun auf das aktuelle Element zugreifen. Dieses wird innerhalb einer Zeichenkette ausgegeben.

Zum Thema Endlosschleifen habe ich noch eine für Sie: **loop**

```
01    loop do
02      puts "a never ending dream"
03    end
```

Achtung! Führen Sie diesen Code lieber nicht aus. Es handelt sich auch hier um eine Endlosschleife. Aber was nützt ein Konstrukt, das immer eine Endlosschleife produziert, höre ich Sie schon fragen. Nun, stellen Sie sich vor, dass Sie ein Programm schreiben wollen, das den Benutzer unentwegt mit irgendwelchen Fragen oder Informationen versorgen soll. So etwas können Sie sehr gut mit dem Konstrukt `loop` erschaffen. Jedoch müssen Sie ja irgendwann Ihr Programm beenden, nicht wahr? Dazu gibt es nun ein paar Schlüsselwörter, die Sie in den anderen Schleifentypen ebenfalls verwenden können. **break**

```
01    list = ['Cola', 'Orangensaft', 'Klopapier']
02
03    for element in list
04      puts "Wir brauchen #{element}."
05
06      if element == 'Orangensaft'
07        break
08      end
09    end
```

Ergibt:

```
Wir brauchen Cola.
Wir brauchen Orangensaft.
```

Sie sehen, es werden nicht sämtliche Elemente ausgegeben. Der Grund dafür ist in dem Schlüsselwort break zu finden. Dieses sorgt dafür, dass die aktuelle Verarbeitung abgebrochen wird. Da wir diese Anweisung in eine Bedingung geschlossen haben, die erst ausgeführt wird, wenn wir Orangensaft ausgegeben haben, erhalten wir die ersten beiden Elemente, aber nicht das letzte.

next, redo und retry

Passend dazu gibt es noch das Schlüsselwort redo, das den aktuellen Schleifendurchlauf wiederholt. Mit next überspringen Sie den aktuellen Durchlauf und machen mit dem nächsten weiter und mit retry reseten Sie sozusagen die gesamte Schleife und fangen noch einmal ganz von vorne an.

Nachgestellte Kontrollstrukturen

Bevor ich dieses Kapitel nun abschließe, möchte ich Ihnen noch ein oft in Ruby verwendetes Konstrukt zeigen, das besonders häufig mit Kontrollstrukturen eingesetzt wird:

```
01   list = ['Cola', 'Orangensaft', 'Klopapier']
02
03   for element in list
04     puts "Wir brauchen #{element}."
05
06     break if element == 'Orangensaft'
07   end
```

Haben Sie es auf Anhieb in Zeile 6 gesehen? Eine schöne Abkürzung, die es in Ruby gibt, sind die nachgestellten Bedingungen. Damit können Sie einen bestimmten Befehl nur basierend auf einer bestimmten Bedingung ausführen. Und das Beste ist, eine einzige Zeile reicht dafür. Ein weiteres witziges Konstrukt ist das folgende:

```
01   product = 'Klopapier'
02
03   desc = case product
04     when 'Cola'
05       'Schwarz, lecker und Koffein'
06     when 'Klopapier'
07       'Damit kann man Teile seines Körpers reinigen.'
08     when 'Orangensaft'
09       'Das kann man trinken und ist gesund.'
10     end
11
12   puts desc
```

Ergibt:

```
Damit kann man Teile seines Körpers reinigen.
```

Was ist hier denn passiert? Nun, wie schon mal kurz in einem
der letzten Kapitel erwähnt wurde, gibt in Ruby alles und jeder
Befehl einen Wert zurück, und zwar immer den letzten. Also
Schritt für Schritt:

■ Wir definieren ein Zeichenkettenobjekt mit dem Inhalt Klopapier.

■ In Zeile 3 erstellen wir eine Referenz. Aber diese zeigt auf
  kein Objekt, sondern auf das case-Konstrukt. In diesem Fall
  wird zuerst der case-Befehl abgearbeitet, nachdem dies
  geschehen ist, wird der Rückgabewert dieses Konstrukts der
  Referenz desc zugeordnet.

■ Unser case-Befehl wird dabei bis zur Zeile 6 springen, da
  der dortige when-Befehl den korrekten Wert Klopapier enthält. Nun wird der folgende Codeblock ausgeführt. In diesem
  steht jedoch nur eine Zeichenkette und das war es. Da diese
  Zeichenkette das letzte Konstrukt in diesem Block ist, wird
  auch nur dieser Wert als Rückgabewert von case angesehen. Damit erhält case den Wert »Damit kann man Teile
  seines Körpers reinigen.«. Dieser Wert wird in Zeile 3
  dann der Referenz desc zugeordnet. In Zeile 12 wird schlussendlich der Wert ausgegeben.

Schauen wir uns noch ein anderes Beispiel an:

Rückgabe-
wert von if

```
01   product = 'Klopapier'
02
03   desc = if product == 'Cola'
04       'Schwarz, lecker und Koffein'
05     elsif product == 'Klopapier'
06       'Damit kann man Teile seines Körpers reinigen.'
07     elsif product == 'Orangensaft'
08       'Das kann man trinken und ist gesund.'
09     end
10
11   puts desc
```

Das Ergebnis ist exakt das gleiche, mit dem Unterschied, dass diese Implementierung mit dem if- und elsif-Befehl erstellt wurde.

L6 Eingabe- und Ausgabesteuerung

In den letzten Kapiteln haben wir bereits den Befehl `puts` sehr intensiv verwendet. Aber was haben wir damit getan? Wir haben jeweils eine bestimmte Zeichenkette auf der Konsole ausgegeben. Dies ist schon mal eine sehr praktische Sache, aber um mit dem Anwender zu kommunizieren, reicht dies noch lange nicht aus. So haben wir zwar die Möglichkeit kennengelernt, Informationen auszugeben, jedoch wissen wir noch nicht, wie wir welche empfangen können, sei es nun über eine Eingabe über die Kommandozeile oder über das Netzwerk von einem anderen Computer. Auch die Verarbeitung von Dateien ist bisher noch ein unbekanntes Gebiet. Diesen Dingen wollen wir im Folgenden auf den Grund gehen. Wir fangen mit der folgenden Ausgabe an:

puts und print

```
01   puts "Ruby kann schreiben"
```

Ergibt:

```
Ruby kann schreiben
```

Nix Neues, wie gesagt. Wie ist es mit dem folgenden Befehl:

```
01   print "Ruby kann "
02   print "schreiben"
```

Auch diesen haben wir bereits kennengelernt. Wissen Sie, wo der Unterschied zwischen `print` und `puts` liegt? Korrekt, `puts` erzeugt automatisch einen Zeilenumbruch am Ende einer Ausgabe, `print` tut dies nicht. Sichtbar ist dies hier:

```
01   puts "Ich bin in Zeile eins. "
02   puts "Und ich in Zeile zwei"
03
04   print "Ich bin in Zeile eins. "
05   print "Und ich in Zeile zwei"
```

Ergibt:

```
Ich bin in Zeile eins.
Und ich in Zeile zwei
Ich bin in Zeile eins. Und ich in Zeile zwei
```

gets

Es ist natürlich immer irgendwie ein wenig langweilig, Selbstgespräche zu führen. Deshalb würden wir gerne auch mal den Benutzer etwas fragen. Wie wäre es z.B. mit dem Namen?

```
01    puts "Wie ist Ihr Name?"
02    puts "Mein Name ist #{gets}."
```

Nun läuft das Programm nicht mehr ohne Weiteres durch. In Zeile 2 stoppt es nämlich und wartet auf Ihre Antwort. Geben Sie eine Zeichenkette ein und bestätigen Sie mit ⏎. Bei mir würde das dann wie folgt aussehen:

```
Wie ist Ihr Name?
=> Daniel
Mein Name ist Daniel
.
```

Sollten Sie im Gegensatz zu mir nicht Daniel heißen, wird das Resultat dementsprechend anders aussehen. In Zeile 2 des Resultats sehen Sie übrigens meine Eingabe (gekennzeichnet mit =>). Aber wie kommt Ruby nun darauf, uns nach dem Namen zu fragen? Nun, das passiert alles in Zeile 2 mit dem Befehl gets. Dieser besitzt Ähnlichkeiten mit dem Befehl puts mit dem Unterschied, dass er nicht eine Zeile ausgibt, sondern eine Zeile vom Anwender einliest. Eine Sache sieht aber wie ein Schönheitsfehler aus: Warum ist unser Satzpunkt denn eine Zeile tiefer? Müsste der nicht direkt hinter meinem Namen stehen? Nun, er sollte vielleicht direkt hinter dem Namen stehen, dass Problem ist jedoch, dass gets wirklich sehr starke Ähnlichkeiten zu puts besitzt und am Ende auch einen Zeilenumbruch einliest. Dieser Zeilenumbruch ist dem Druck auf die ⏎-Taste geschuldet. Wir erhalten also von gets einen String mit dem Inhalt "Daniel \n". Schauen wir doch mal, wie wir das bereinigen können:

```
01    puts "Wie ist Ihr Name?"
02    puts "Mein Name ist #{gets.chomp}."
```

Ergibt:

```
Wie ist Ihr Name?
=> Daniel
Mein Name ist Daniel.
```

Das sieht schon besser aus. Und alles nur wegen der Methode chomp? Ja genau, die Methode chomp ist standardmäßig bei jedem String dabei. Damit haben Sie die Möglichkeit, von einer Zeichenkette den letzten Zeilenumbruch abzuschneiden. Und wie man sieht, funktioniert es danach auch. Nun können wir versuchen, den Wert von gets nicht direkt auszugeben, sondern ihn mithilfe einer Referenz für später verfügbar zu machen:

```
01    puts "Wie ist Ihr Name?"
02    name = gets.chomp
03    puts "Hallo #{name}. Sprechen Sie bitte nach dem
      Piepton."
04    puts "Piiieeppp"
05    puts "#{name}: #{gets.chomp}"
```

Ergibt:

```
Wie ist Ihr Name?
=> Daniel
Hallo Daniel. Sprechen Sie bitte nach dem Piepton.
Piiieeppp
=> bye *klick*
Daniel: bye *klick*
```

Na, das sieht doch schon nach einer sehr schönen Kommunikation aus.

- In Zeile 2 fragen wir mithilfe des Befehls gets nach dem Namen des Benutzers. Direkt daraufhin wenden wir die Methode chomp auf das Ergebnis an. Zu guter Letzt wird das Resultat der Referenz name zugewiesen.

- Den Namen geben wir in Zeile 3 innerhalb eines Strings aus.

- In Zeile 5 fragen wir den User erneut nach Informationen. Diese werden aber direkt in eine Zeichenkette verpackt und ausgegeben.

Dateien

Das alles ist schon mal ein sehr guter Anfang zum Thema Eingabe und Ausgabe. Eine weitere wichtige Fähigkeit von Programmiersprachen ist die Verarbeitung von Dateien. Dieses ist in Ruby sehr leicht möglich und funktioniert beinahe genauso wie mit der konsolenbasierten Ein- und Ausgabe. Bevor der nächste Code ausgeführt wird, müssen Sie jedoch eine Textdatei irgendwo auf Ihrem System anlegen. Ansonsten wird der folgende Code nicht korrekt arbeiten. Dazu würde ich den Dateinamen *test.txt* empfehlen mit folgendem Inhalt:

```
Erste Zeile
Zweite Zeile
Dritte Zeile
Vierte Zeile
Fuenfte Zeile
```

Nachdem Sie diese Datei angelegt haben, können Sie mithilfe des folgenden Codes die Datei auslesen und zeilenweise ausgeben. Achten Sie dabei bitte auf den Pfad. Sollte Ihre Datei nicht im selben Verzeichnis wie Ihr Ruby-Skript liegen, wird es nicht funktionieren.

```
01    file = File.open("test.txt")
02
03    file.each do |line|
04        puts line
05    end
```

Ergibt:

```
Erste Zeile
Zweite Zeile
Dritte Zeile
Vierte Zeile
Fuenfte Zeile
```

Für Windows-Nutzer ist weiterhin die Option »b« interessant. Diese kann als zusätzlicher Parameter an die Methode File.open() übergeben werden. Diese Option ist dem speziellen Windows-Zeilenende \r\n geschuldet. Sollten Sie z.B. in die Verlegenheit kommen, UNIX-basierte Dateien verarbeiten zu müssen, so wird sich diese Option eventuell für Sie als hilfreich erweisen.

Damit öffnen wir eine Datei, iterieren zeilenweise über den Inhalt und geben diesen aus.

- Mithilfe der Klasse File können wir in Ruby Dateien verarbeiten. Dazu stellt diese Klasse die Methode open bereit, die als Übergabeparameter einen Dateinamen erwartet. Sollte dieser Namen nicht stimmen, wird eine Fehlermeldung ausgegeben, dass die entsprechende Datei nicht gefunden wurde. Sollten Sie eine solche Meldung erhalten, prüfen Sie noch einmal, ob unsere Datei *test.txt* auch wirklich im selben Verzeichnis liegt wie Ihr Ruby-Skript.

- Damit haben wir nun ein Dateiobjekt hinter der Referenz file.

- In Zeile 3 können wir nun mithilfe des Iterators each über jede einzelne Zeile iterieren. Dabei übergeben wir einen Codeblock, der in Zeile 4 die aktuelle Zeile ausgibt.

Nun können wir aber auch die Ausgabe nach Wunsch formatieren. Wie wäre es z.B. mit einer Zeilennummer?

```
01   file = File.open("test.txt")
02   line_no = 1
03
04   file.each do |line|
05     puts "#{line_no}  #{line}"
06     line_no += 1
07   end
```

Ergibt diesmal:

```
1  Erste Zeile
2  Zweite Zeile
3  Dritte Zeile
4  Vierte Zeile
5  Fuenfte Zeile
```

Zusätzlich zu unserem Dateiobjekt `file` haben wir diesmal noch einen Zeilenzähler `line_no`. Dieser wird in Zeile 2 initialisiert und in Zeile 6 für jeden Durchlauf hochgezählt. In Zeile 5 wird er gemeinsam mit der aktuellen Zeile ausgegeben.

Dateien schließen

Wenn Sie bereits in anderen Programmiersprachen Dateizugriffe durchgeführt haben, werden Sie bei den bisher gezeigten Beispielen wahrscheinlich die Hände über dem Kopf zusammenschlagen. Bisher haben wir nämlich immer schön Dateien geöffnet, sie aber nie wieder geschlossen. Dies ist für unsere kurzen Skripte ziemlich egal, aber wenn wir irgendwann ein größeres Programm schreiben, führt dieses Vorgehen unweigerlich zu Zugriffsverletzungen und den merkwürdigsten Fehlern. Deshalb tun wir es einfach mal:

```
01   file = File.open("test.txt")
02   line_no = 1
03
04   file.each do |line|
05     puts "#{line_no}  #{line}"
06     line_no += 1
06   end
07
08   file.close
```

Damit schließen Sie nun in Zeile 8 die Datei und können damit beruhigt zum nächsten Punkt gehen. Jedoch, wenn ich mir diesen Code anschaue, bekomme ich leichtes Gruseln. Denn Ruby bietet ein viel schöneres Konstrukt für solche Dateioperationen. Sie können genau ein Mal raten, wie dieses Konstrukt genannt wird. Korrekt! Es sind die omnipräsenten Codeblöcke. Und so sieht das dann aus:

```
01  File.open("test.txt") do |file|
02    line_no = 1
03
04    file.each do |line|
05      puts "#{line_no}  #{line}"
06      line_no += 1
07    end
08  end
```

Nun ja, was soll ich sagen? Wir haben zwar keine einzige Codezeile gespart, aber ich finde es optisch definitiv ansprechender. Außerdem kümmert sich nun die Methode open selbst um das Schließen der Datei, was mir im Allgemeinen auch sympathischer ist. Doch wie gesagt, entscheiden Sie selbst, welche Variante Ihnen besser gefällt.

Ein weiterer wichtiger Aspekt zum Thema Dateiverarbeitung ist die Fehlerbehandlung. So ist aufgrund der Tatsache, dass wir unsere heile Ruby-Welt verlassen und auf das Dateisystem zugreifen, nicht mehr sichergestellt, dass da auch alles mit rechten Dingen zugeht. Was wäre z.B., wenn die Datei von irgendeinem der vielen Viren, die gerade auf unseren Rechnern sind, gelöscht wurde? Ich würde sagen, wir führen einfach einen Test durch, ob die Datei vorhanden ist oder nicht.

Dateiexistenz prüfen

```
01  if File.exist?("test.txt")
02    File.open("test.txt") do |file|
03      line_no = 1
04
05      file.each do |line|
06        puts "#{line_no}  #{line}"
07        line_no += 1
08      end
09    end
10  else
11    puts 'Datei existiert nicht.'
12    puts 'Das könnte nicht nur, sondern das ist ein
      Problem.'
13  end
```

Solange die Datei vorhanden ist, ist alles im Lot. Sollte sie jedoch mal verschwinden, wird unser Programm nicht abstürzen, sondern eine Fehlermeldung auswerfen.

■ Die Klasse `File` stellt die Methode `exist?` zur Verfügung. Mit dieser können wir schauen, ob eine bestimmte Datei im Dateiverzeichnis existiert. Ist dies der Fall, wird `true` zurückgegeben. Ist sie nicht vorhanden, ist der Rückgabewert `false`. Aufgrund dieses Wertes können wir die Methode als Ausdruck in einem `if`-Konstrukt verwenden.

■ Die bekannte Logik des Programms verläuft nun von Zeile 2 bis 9.

■ Sollte die Datei nicht vorhanden sein, wird der Codeblock in Zeile 11 bis 12 durchgeführt.

Wenn Sie keinen Fehlerhinweis ausgeben, sondern nur prüfen wollen, ob eine Datei da ist oder nicht, können Sie auch das folgende nachgestellte `if` verwenden:

```
01  File.open("test.txt") do |file|
02    line_no = 1
03
04    file.each do |line|
05      puts "#{line_no}  #{line}"
06      line_no += 1
07    end
08  end if File.exist?("test.txt")
```

Damit haben Sie jedoch keine Möglichkeit mehr, eine `else`-Bedingung anzuführen. Weiterhin gibt es einige Menschen, die diesen Stil sehr unleserlich finden, weil die Bedingung, ob ein Codeblock durchgeführt wird, erst am Ende des Codeblocks entschieden wird. Sollte Ihnen dieses Konstrukt jedoch gefallen, dann habe ich eine gute Nachricht für Sie. Denn dieses Nachstellen ist mit jedem in Ruby verfügbaren Codeblock möglich.

In Datei schreiben

Nachdem wir nun aus der Datei gelesen haben, würden wir bestimmt gern auch schreiben. Dazu lege ich mit dem folgenden Skript eine neue Datei namens *test_neu.txt* an. Passen Sie auf, wenn diese Datei bereits besteht, wird sie überschrieben.

```
01   File.open("test_neu.txt", "w+") do |file|
02     file.puts 'Meine erste Zeile von Ruby aus!'
03     file.puts 'Meine zweite Zeile von Ruby aus!'
04   end
```

Die neue Datei *test_neu.txt* enthält nun den Wert:

```
Meine erste Zeile von Ruby aus!
Meine zweite Zeile von Ruby aus!
```

Beachten Sie dabei, dass in der Datei drei Zeilen existieren, die letzte ist jedoch leer.

■ Mithilfe der Methode open öffnen wir die neue Datei. Jedoch müssen wir diesmal noch den Parameter "w+" an zweiter Stelle mit übergeben. Dieser sorgt dafür, dass die Datei im Schreibmodus geöffnet wird. Sollten Sie dies vergessen, wird beim Schreiben ein Fehler ausgegeben.

■ In Zeile 2 und 3 finden Sie eine altbekannte Methode, und zwar puts. Hierbei sei die Konsequenz von Ruby gelobt. Jedes Ein- und Ausgabeobjekt besitzt diese Methode, um eine entsprechende Ausgabe zu produzieren. Im Falle des Dateiobjekts file wird mithilfe von puts eine neue Zeile mit dem übergebenen String in die Datei geschrieben.

■ Der Grund für die letzte Leerzeile liegt auch darin, dass wir puts verwenden. So wird mithilfe eines puts nicht nur ein String geschrieben, sondern dieser auch mit einem Zeilenumbruch beendet.

Testen Sie dagegen einmal das folgende Beispiel:

```
01   File.open("test_neu.txt", "w+") do |file|
02     file.print 'Meine erste Zeile von Ruby aus!'
03     file.print 'Meine zweite Zeile von Ruby aus!'
04   end
```

print beim Schreiben von Dateien

Sie können mir sicher bereits sagen, was das Ergebnis ist. Genau wie wir auf der Kommandozeile mit `print` eine Zeichenkette ohne Zeilenumbruch ausgeben, ist auch auf ein Dateiobjekt das gleiche Verhalten zu beobachten. Der Inhalt der Datei sieht wie folgt aus:

```
Meine erste Zeile von Ruby aus!Meine zweite Zeile von Ruby
aus!
```

Zugriffsrechte beim Öffnen

Wohlgemerkt alles in einer Zeile. Nun sei noch die Funktionsweise des zweiten Parameters "w+" kurz erwähnt. Und zwar steht das »w« für *write* (schreiben) und versetzt das Dateiobjekt in den Schreibmodus. Das nachgestellte »+« sorgt dafür, dass die Datei angelegt wird, wenn sie noch nicht existiert. Sollte die Datei noch nicht existieren und Sie versuchen es nur mit "w", werden Sie eine Fehlermeldung erhalten. Nun gibt es jedoch das Problem, dass, wenn wir eine bereits vorhandene Datei zum Schreiben öffnen, wir den gesamten Inhalt von oben nach unten überschreiben. Um dies zu verhindern und die neuen Zeilen am Ende hinzuzufügen, müssen Sie die Datei im *Append-Modus* öffnen. Da es diesbezüglich viele unterschiedliche Varianten gibt, stellt Ruby bereits einige Konstanten bereit, um den Dateimodus besser zu visualisieren. Wenn Sie also Ihre Datei zum Schreiben öffnen und dabei sämtliche neuen Zeilen ans Ende der Datei schreiben wollen, verwenden Sie den folgenden Codeabschnitt:

```
01  File.open("test_neu.txt", File::RDWR + File::APPEND)
    do |file|
02    file.print 'Meine erste Zeile von Ruby aus!'
03    file.print 'Meine zweite Zeile von Ruby aus!'
04  end
```

Die einzige Anpassung wurde in Zeile 1 vorgenommen. Statt "w+" verwenden wir nun die sprechenden Konstanten `File::RDWR` (Schreib- und Lesemodus) und `File::APPEND` (Append-Modus). Damit können wir in unsere Datei schreiben, ohne dabei das Vorhandene zu überschreiben. Sämtliche neuen Zeilen werden am Ende der Datei angehängt.

In Dateien zu stöbern, ist eine tolle Sache. Damit können wir jetzt zumindest schon einmal sämtliche Dinge, die auf einer Festplatte sind, lesen und überschreiben. Richtig praktisch wird es jedoch erst, wenn wir durch Verzeichnisse wandern und Dateien explizit löschen können.

Schauen wir doch z.B. einfach mal, was in unserem aktuellen Verzeichnis so alles an Dateien und Verzeichnissen existiert: **Verzeichnisse**

```
01  Dir.open('.').each do |file|
02     puts file
03  end
```
Ergibt:

```
.
..
bin
Desktop
Documents
Downloads
Library
Movies
Music
Pictures
test.rb
test.txt
tmp
```

Hierbei möchte ich wieder sagen, dass der Inhalt meines Verzeichnisses höchstwahrscheinlich nicht mit dem Ihres Verzeichnisses übereinstimmt.

- In Zeile 1 verwenden wir die Klasse `Dir`. Diese steht für *Directory* und bildet ein Verzeichnis innerhalb eines Ruby-Oobjekts ab. Mithilfe der Methode `open` können wir ein bestimmtes Verzeichnis öffnen (der . steht für das aktuelle Verzeichnis, in dem unser Skript ausgeführt wird).

- Ein solches Verzeichnisobjekt besitzt einen Iterator namens `each`. Diesen verwenden wir in Zeile 1, um einen Codeblock zu initialisieren und diesen dann auszuführen.

■ Innerhalb des Codeblocks geben wir in jeder Zeile den entsprechenden Namen der aktuellen Datei aus.

**Verzeichnis-
existenz
prüfen**

Bittet beachten Sie, dass Ruby ursprünglich als UNIX-basiertes Tool entwickelt wurde. Dies ist insofern interessant, als dass bei UNIX das, was im Dateisystem existiert, als Datei angesehen wird. Es gibt hierbei keine expliziten Verzeichnisse. Aufgrund dessen erhalten wir auch den gesamten Inhalt des aktuellen Verzeichnisses. Ruby gibt uns jedoch die Möglichkeit, herauszufinden, ob es sich bei einer Datei um ein Verzeichnis handelt oder nicht.

```
01  Dir.open('.').each do |file|
02    if File.directory?(file)
03      typ = "Verzeichnis: "
04    else
05      typ = "Datei: "
06    end
07
08    puts "#{typ} #{file}"
09  end
```

Ergibt:

```
Verzeichnis:  .
Verzeichnis:  ..
Verzeichnis:  bin
Verzeichnis:  Desktop
Verzeichnis:  Documents
Verzeichnis:  Downloads
Verzeichnis:  Library
Verzeichnis:  Movies
Verzeichnis:  Music
Verzeichnis:  Pictures
Datei:  test.rb
Datei:  test.txt
Verzeichnis:  tmp
```

In Zeile 2 verwenden wir mithilfe der Klasse File die Methode directory?. Diese sagt uns, ob die übergebene Datei ein Verzeichnis ist oder nicht. Wenn es sich um ein Verzeichnis handelt, wird `true` zurückgegeben, andernfalls `false`. Deshalb können wir auch diese Methode direkt in einer Bedingung verwenden.

Nun sind wir mit unseren Dateien und Verzeichnissen fertig. **Datei löschen**
Also löschen wir die angelegte Datei:

```
01   if File.exist?('test_neu.txt')
02     File.delete('test_neu.txt')
03   end
```

In Zeile 2 wird die Methode `delete` der Klasse `File` aufgerufen. Die daran übergebene Datei wird anschließend gelöscht.

L7 Programme und Bibliotheken

CSV, XML und YAML

Eine Datei ist eine schöne Sache. Sie ermächtigt uns, bestimmte Informationen kurz- oder langfristig zu speichern und zu einem späteren Zeitpunkt wieder abzurufen. Der erste Ansatz wäre hierbei einfach, die Informationen, die wir haben, in einer bestimmten Reihenfolge in die Datei zu schreiben. Jedoch ist dies weder effizient noch besonders wartungsfreundlich. Aufgrund dessen haben sich über die letzten Jahre und Jahrzehnte Datenformate entwickelt, die es uns ermöglichen, auf elegante Art und Weise Informationen strukturiert in ihnen zu speichern.

Ruby unterstützt eine unglaubliche Anzahl von unterschiedlichen Datenformaten. An dieser Stelle wollen wir uns jedoch nur mit dreien beschäftigen. Dabei handelt es sich um CSV, XML und YAML. Die beiden ersten sind schon mehr oder weniger alte Hasen und sehr weit verbreitet, bei YAML handelt es sich um ein Datenformat, das speziell für die Bedürfnisse von Skriptsprachen wie Perl, Python und Ruby entwickelt wurde. Grundsätzlich lassen sich alle Informationen auf irgendeine Art und Weise in jedem dieser Formate hinterlegen. Jedoch gibt es für bestimmte Fälle einige Formate, die besser, und andere, die schlechter geeignet sind.

CSV

CSV steht für *Comma Seperated Values* und ist ein Datenformat, das im Bereich der Tabellenkalkulationen sehr verbreitet ist. Dies ist dadurch begründet, dass sich mit CSV zweidimensionale Strukturen sehr gut abbilden lassen. Wir erinnern uns an

Excel, da gibt es Spalten und Zeilen, zwei Dimensionen also. Aber bevor wir hier zu tief absteigen, schauen wir uns doch einfach mal den Inhalt einer CSV-Datei an:

```
"name","menge"
"Orangensaft","1"
"Toast","10"
"Klopapier","10"
```

Wenn wir uns diesen Inhalt anschauen, wird sich auch erklären warum das Format Comma Seperated Values heißt. Die Werte werden nämlich mithilfe eines Kommas getrennt. Die einzelnen Werte werden, für eine bessere Lesbarkeit, in doppelte Anführungszeichen gesetzt, dies ist jedoch keine Pflicht. Im Allgemeinen ist es Konvention, in einer CSV-Datei die erste Zeile als Kopf zu verwenden – sozusagen die Beschriftung der einzelnen Spalten. In unserem Beispiel wäre die erste Spalte für den Namen und die zweite für die Menge zuständig. Damit wir nun den Zugriff mithilfe von Ruby testen können, speichern Sie die oberen Daten in einer Datei namens *test.csv*. Anschließend können wir das folgende Skript ausführen:

```
01  require 'csv'
02
03  CSV.open('test.csv', 'r') do |row|
04    next if row[0] == 'name'
05    puts "#{row[0]} brauchen wir #{row[1]}x."
06  end
```

Um mit CSV-Dateien elegant arbeiten zu können, benötigen wir die CSV-Bibliothek. Diese ist standardmäßig bei Ruby dabei. Wir binden die Bibliothek in Zeile 1 ein und verwenden in Zeile 3 die Methode open der Klasse CSV. Dieser Methode können wir einen Block mitgeben, dieser wird für jede einzelne Zeile einer CSV-Datei aufgerufen. Dabei wird die aktuelle Zeile in Form eines Arrays an den Block übergeben. Mit der Position 0 greifen wir somit auf die erste Spalte und mit der Position 1 auf die zweite Spalte zu. Die Ausgabe unseres Skripts sieht so aus:

```
Orangensaft brauchen wir 1x.
Toast brauchen wir 10x.
Klopapier brauchen wir 10x.
```

Sollten Sie größere Datenmengen im CSV-Format verarbeiten wollen, empfehle ich Ihnen die Verwendung von FasterCSV (*http://fastercsv.rubyforge.org*).

Somit können wir also eine einfache Tabelle mithilfe einer CSV-Datei abbilden. Dies ist für sehr viele Fälle schon mal mehr als ausreichend. Jedoch kann es passieren, dass Sie eine Struktur in einer Datei speichern wollen, die deutlich komplexer ist. Eine solche könnten Sie nur mithilfe von mehreren CSV-Dateien sauber sichern. Für diese Fälle kommt nun jedoch XML ins Spiel.

XML

XML steht für *Extensible Markup Language*. Bei dieser Abkürzung handelt es sich nicht direkt um ein Format. XML sollte man viel eher als ein Metaformat betrachten. Es bietet nämlich die Möglichkeit, eigene Formate zu spezifizieren. Dazu werden von vielen Seiten aus die unterschiedlichsten Programme angeboten, die eine einfache Erstellung einer solchen Spezifikation unterstützen, wie auch das Überprüfen, ob ein Dokument sich an diese Spezifikation hält. Über das Thema XML lässt sich mehr als nur ein dickes Buch schreiben, ohne dass annähernd sämtliche Aspekte beschrieben worden wären. Deshalb gibt es jetzt eine gute Nachricht: Sie müssen gar keine Spezifikation erstellen. XML bietet Ihnen die Möglichkeit, einfach loszutippen und das entstandene Format anschließend auszulesen. Das Grundformat von XML ist sehr simpel. Es gibt gerade einmal eine Handvoll Elemente, die es zu erlernen gilt. Der Rest ist dem Nutzer selbst überlassen. Wichtige Elemente sind <, >, /, = und ".Damit erstellen Sie sämtliche Anforderungen. Hier nun ein Beispieldokument:

```
<shoppinglist>
  <products>
    <product title="Toast" count="10" />
    <product title="Butter" count="1" />
    <product title="Klopapier" count="10" />
  </products>
</shoppinglist>
```

Sie sehen, ein weiterer Vorteil eines XML-Dokuments ist, dass es beinahe selbstbeschreibend sein kann. Unser Test-XML-Dokument besteht aus drei unterschiedlichen Tag-Arten. Da wäre das Wurzelelement shoppinglist, die Auflistung products und die schlussendlichen Elemente product. Diese Elemente besitzen jeweils immer zwei Attribute, die die Werte eines Datensatzes näher beschreiben. Die Bezeichnungen sind jeweils frei von mir definiert. Sie können auch deutsche Begriffe verwenden, wichtig ist jedoch, dass in XML diese Tags kleingeschrieben werden müssen, sonst ist das Dokument ungültig. Das Dokument können wir mithilfe der Standardbibliothek REXML auslesen.

```
01    require 'rexml/document'
02    include REXML
03
04    xml_file = File.new 'test.txt'
05    xml_doc = Document.new xml_file
06    xml_doc.elements.each("shoppinglist/products/product")
      do |product|
07      print "#{product.attributes['title']} brauchen wir "
08      print "#{product.attributes['count']}x.\n"
09    end
```

Unser Resultat sieht wie im vorherigen Beispiel aus:

```
Toast brauchen wir 10x.
Butter brauchen wir 1x.
Klopapier brauchen wir 10x.
```

Die REXML-Bibliothek ist innerhalb eines Moduls definiert. Aufgrund dessen müssen wir in Zeile 2 das entsprechende Modul inkludieren. In Zeile 5 können wir dann ein XML-Dokument

erstellen, das mithilfe eines IO-Objekts, wie z.B. einer Datei, initialisiert werden kann. In Zeile 6 suchen wir zuerst mithilfe des
Iterators `each` von `elements` in der XML-Datei nach allen `pro-
duct`-Elementen. Sollten Sie eigene Bezeichner verwenden,
müssen diese dort angepasst werden. Im Anschluss daran wird
der übergebene Block für `product` ausgeführt. Mithilfe der
Methode `attributes` kann auf die entsprechenden Attribute
eines Tags zugegriffen werden.

YAML

XML ist also ein mächtiges, weit verbreitetes und anerkanntes
Format. Leider ist die Tatsache, dass es sehr mächtig ist, eines
der größten Kontrapunkte. Wie Ihnen eventuell aufgefallen sein
wird, bringt jedes XML-Dokument selbst für die einfachsten
Informationsstrukturen im Gegensatz zu CSV sehr viel Ballast
mit. Dass es auch anders geht, zeigt uns *YAML*. Hinter diesem
Akronym verbirgt sich die scherzhafte Bezeichnung *YAML Ain't
Markup Language*. Bei dieser handelt es sich um ein Datenformat, das speziell auf die Bedürfnisse von Skriptsprachen zuge-
schnitten ist. So ist es möglich, Datentypen wie z.B. Arrays und
Hashs mithilfe einer Kurzschreibweise zu beschreiben. YAML
ist aufgrund seiner Ausdrucksstärke deutlich komplexer in der
Anwendung. Sollten Sie eine weitere Verwendung des Formats
in Betracht ziehen, besuchen Sie die Seite *http://www.yaml.
org/*, wo Sie die Spezifikation und einige Referenzimplementie-
rungen finden. Denn unabhängig von der Aussage, dass dieses
Format für Skriptsprachen entwickelt wurde, ist es auch für
Sprachen wie C# und Java verfügbar. Damit beenden wir die
Theorie und schauen uns einfach mal ein solches Dokument
an:

```
---
Orangensaft: 1
Toast: 10
Klopapier: 10
```

Das ist auch schon alles. Mit der in der ersten Zeile befindlichen Trennlinie (---) bietet YAML die Möglichkeit, mehrere unterschiedliche Objekte voneinander zu trennen. In Zeile 2 bis 4 definieren wir einen Hash. Dieser ist dadurch erkennbar, dass wir zuerst eine Zeichenkette angeben, gefolgt von einem Doppelpunkt. Anschließend folgt der Wert des jeweiligen Wertes. Ein Array würde an dieser Stelle statt des Bezeichners einfache Bindestrich verwenden. Mithilfe der YAML-Bibliothek können wir eine solche Struktur nun direkt in einen Ruby-Datentyp umwandeln.

```
01   require 'yaml'
02
03   yaml_file = File.new 'test.txt'
04   shopping_list = YAML.load(yaml_file)
05   yaml_file.close
06
07   shopping_list.each do |key, element|
08     puts "#{key} brauchen wir #{element}x."
09   end
```

In Zeile 4 laden wir ein einfaches IO-Objekt in eine YAML-Struktur. Diese wird über die Methode load der Klasse YAML in einen Datentyp umgewandelt. Danach besitzen wir hinter der shopping_list einen Hash mit den entsprechenden Werten. In Zeile 7 bis 9 können wir nun ganz normal auf diese zugreifen. Die Ausgabe sieht dann wie immer aus:

```
Toast brauchen wir 10x.
Klopapier brauchen wir 10x.
Orangensaft brauchen wir 1x.
```

Als kleiner Tipp sei noch erwähnt, dass, nachdem die YAML-Bibliothek eingebunden wurde, jedes Objekt die Methode to_yaml besitzt. Damit können die meisten Standardtypen direkt in die entsprechende YAML-Struktur umgewandelt werden. Diese Methode gibt eine Zeichenkette zurück, die dann auch ohne Probleme in einer Datei gespeichert werden kann.

Fazit

Damit haben wir die meiner Meinung nach drei wichtigsten Datentypen für Ruby behandelt. Neben diesen gibt es wie gesagt noch eine Vielzahl anderer Formate, so z.B. das von Haus aus unterstütze *Mashalling*. Mit diesem können Ruby-Objekte in eine Art Bytestream serialisiert werden.

Zum Thema Marshalling finden Sie weitere Informationen unter *http://www.ruby-doc.org/core/classes/Marshal.html*.

L8 Dokumentation und Paketmanagement

Dokumentation

Es gibt in der Welt der Softwareentwicklung neben dem Testen von Software nur einen anderen Bereich, der gleichfalls gehasst wie geliebt wird. Es geht hierbei um die Dokumentation von Programmen. Grundsätzlich wird Ihnen jeder Softwareentwickler sagen, dass es unabdingbar ist, seine Software zu kommentieren. Quelltext ist leider, entgegen der Aussage einiger Leute, nicht von Haus aus direkt selbsterklärend. Nun ist es leider so, dass Software auch ohne Dokumentation ablauffähig ist. Aus diesem Grunde wird aus Kosten- und anderen vorgeschobenen Gründen oft auf eine ordentliche Dokumentation verzichtet. Dabei bietet jede Sprache Programme, die den Aufwand der Erstellung auf ein Minimum reduzieren. Leider besteht dieses Minimum immer noch daraus, dass die Dokumentation vom Entwickler geschrieben werden muss. In diesem Abschnitt geht es nun um die Unterstützung, die Ihnen Ruby bietet.

Dokumentation wozu?

Der erste Schritt zu einer quelltextbasierenden Dokumentation führt über die Kommentarbefehle. Wie Ihnen Ihre Intuition bereits sagen wird, besitzt Ruby mehrere solcher Konstrukte. Schauen Sie sich dazu den folgenden Quelltext an.

Kommentare im Quelltext

```
#einzeiliger Kommentar

=begin
Ein
Kommentar
Über mehrere Zeilen
=end
```

In Zeile 1 sehen wir einen Standard-Ruby-Kommentar. Dieser erstreckt sich über eine gesamte Zeile und endet mit dem Zeilenumbruch. Bei diesem handelt es sich um die Standard-Kommentierung von Ruby. Sie werden wahrscheinlich zu 90% in Ruby Codekommentare finden, die so markiert sind.

In Zeile 3 bis 7 sehen wir das zweite Konstrukt. Mit =begin .. =end definieren wir einen Kommentar über mehr als eine Zeile. Dies ist durchaus praktisch, beinhaltet aber ein großes Manko. Und zwar muss der Start- und der Endbefehl direkt am Anfang einer Zeile stehen. Dies wird auf den ersten Blick nicht weiter problematisch sein, ist aber optisch nicht unbedingt elegant, wenn man in seinem Quelltext normale Einrückungen verwendet. Aufgrund dessen werden in Ruby auch häufig für mehrzeilige Kommentare die normalen einzeiligen Varianten in beliebig häufiger Wiederholung verwendet. Der größte Anwendungsbereich des mehrzeiligen Kommentars besteht in der temporären Auskommentierung von längeren Quelltextpassagen. So können Sie sich bei eventuellen Fehlern schnell an den Verursacher herantasten.

Wenn Sie in einem Programm solche Kommentare verwenden, werden diese bestimmten Konstrukten zugeordnet. Erstellen Sie beispielsweise einen Kommentar direkt vor einer Methode, so wird in der endgültigen Dokumentation dieser Kommentar als Methodenbeschreibung verwendet. Bei Klassen und Modulen verhält sich dies entsprechend genauso.

RDoc Nachdem Sie nun Ihren Quelltext mit vielen aussagekräftigen Kommentaren versehen haben, wollen Sie diese auch für Leute bereitstellen, die keine Lust haben, den Quelltext zu durchsuchen. Dazu gibt es u.a. das Programm *RDoc*. Dieses ist standardmäßig bei Ruby dabei. Wenn Sie ein Projekt dokumentieren wollen, rufen Sie einfach den Befehl rdoc innerhalb des Projektverzeichnisses auf. Damit wird eine Standard-Dokumentation von Ihrem Programm erstellt.

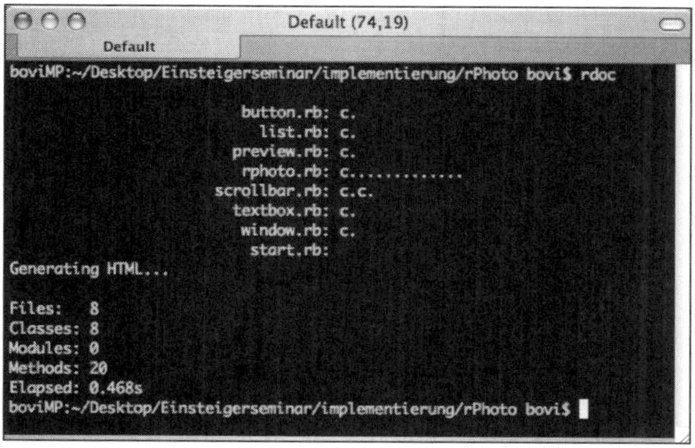

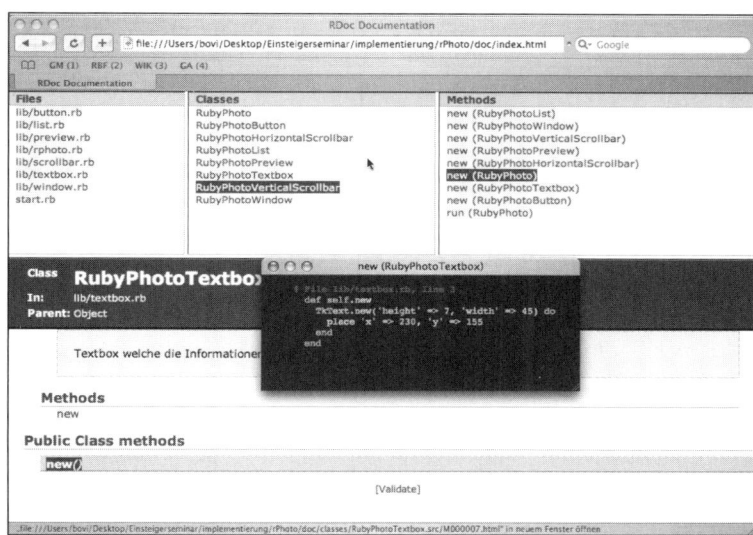

Abb. L8.1: RDoc bei der Generierung von rPhoto

Nachdem wir den RDoc-Befehl aufgerufen haben, existiert ein neues Verzeichnis in unserem Ordner mit dem Namen *doc*. In diesem finden wir eine große Anzahl von HTML-Dateien. Mithilfe eines Browsers können wir nun die *index.html* öffnen und die Dokumentation unseres Programms genießen bzw. erkennen, dass wir bisher zu wenig kommentiert haben.

Abb. L8.2: Dokumentation von rPhoto mithilfe von RDoc

Parameter	Funktion
`--all`	Es werden sämtliche Methoden dokumentiert. Standardmäßig werden nur die als öffentlich (`public`) markierten Methoden in die Dokumentation eingeschlossen.
`--diagramm`	Erstellt ein Diagramm, das eine Übersicht über sämtliche Klassen, Module und deren Beziehungen zueinander darstellt.
`--image-format [Format]`	Das Format eines Diagramms kann bestimmt werden. Mögliche Varianten sind GIF, PNG und JPG.
`--main [Datei-name]`	Definiert eine Datei als Einstiegspunkt für die Dokumentation. Meist wird hierfür eine Readme-Datei erstellt, auf die hiermit verwiesen wird.
`--ri`	Erstellt die für den `--ri`-Befehl notwendigen Dateien, um innerhalb der Dokumentation zu suchen.
`--style [url]`	Die Ansicht einer Dokumentation kann über diese Angabe angepasst werden. Dabei muss ein Style Sheet definiert werden und dessen Adresse (`url`) als Übergabeparameter mit angegeben werden.
`--help`	Auflistung aller Befehle, die für RDoc zur Verfügung stehen.

Tab. L8.1: Parameterliste von RDoc

ri

RDoc ist sehr praktisch, um einen Überblick über eine Klasse oder auch ein ganzes Projekt zu erhalten. Wenn Sie jedoch gezielt nach einer Methode oder einer Klasse suchen wollen, ohne zu wissen, wo sie sich befindet, werden Sie mit RDoc nicht weit kommen. Für diesen Zweck existiert jedoch das Programm *ri*. Mit diesem können Sie durch sämtliche Klassen, Module und Methoden suchen, die es in Ruby gibt. Führen Sie einfach mal den folgenden Befehl aus:

Anschließend erhalten Sie eine Übersicht über die Methode gsub der Klasse String. In Ruby werden während der Dokumentation meistens Klassen und deren Objektmethoden mithilfe eines Lattenzauns getrennt. Sie erhalten eine detaillierte Beschreibung zu gsub und dessen Funktionen. Weiterhin sehen Sie einige Beispiele, wie diese Methode aufgerufen und verwendet werden kann.

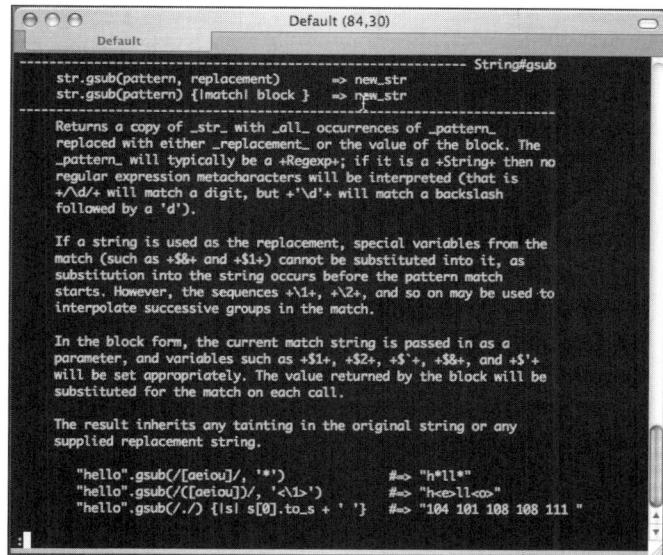

Abb. L8.3: ri-Dokumentation der Methode String#gsub

Parameter	Funktion
--help	Listet alle Parameter auf, die zusammen mit ri verwendet werden können.
--classes	Bei Verwendung dieses Parameters werden sämtliche Klassen und Module, die es in Ruby gibt, aufgelistet.

Parameter	Funktion
--doc-dir [Verzeichnis]	Wenn Sie in einem eigenen Projekt eine Dokumentation mit ri-Unterstützung erstellt haben, können Sie über diesen Parameter auf dieses Dokumentationsverzeichnis verweisen und durch die Dokumentation mithilfe von ri suchen.
--gems	Es werden sämtliche Pakete von Rubygems in die Suche mit einbezogen. Standardmäßig wird keine Suche durch diese Pakete durchgeführt.
--format [Format]	Die Ausgabe von ri ist nicht fix, sondern kann über diesen Parameter angepasst werden. Es gibt hierzu die folgenden Formatoptionen: ansi, bs, html, plain und simple.

Tab. L8.2: Parameterliste von ri

Paketmanager

Rubyforges

Ruby besitzt eine sehr engagierte Community, die u.a. auf der Internetseite *Rubyforge* (*http://rubyforge.org/*) bereits annähernd 3.000 Projekte bereitstellt. Fairerweise sei jedoch gesagt, dass einige dieser Projekte das Planungsstadium nicht verlassen haben und einige andere nicht mehr weitergepflegt werden. Trotzdem sollte Rubyforge immer Ihre erste Anlaufstelle sein, wenn Sie nach einer bestimmten Problemlösung suchen. Bevor Sie selbst versuchen, ein Problem zu lösen, sollten Sie eher schauen, ob es schon von anderen gelöst wurde.

Rubygems

Wenn Sie nun ein Programm oder eine Bibliothek gefunden haben, die Sie interessiert, können Sie diese auf Ihrer Maschine installieren. Hierfür gibt es den Paketmanager *Rubygems*. Dieser ist derzeit noch nicht in der Standardbibliothek verfügbar. Im Anhang befindet sich diesbezüglich eine Installationsanleitung. Rubygems ermöglicht Ihnen eine kontrollierte Installation von einer oder mehreren Versionen eines Programms oder einer Bibliothek. Viel wichtiger ist noch, dass Sie diese Pakete mithilfe von Rubygems auch wieder kontrolliert deinstallieren können, sofern sie nicht Ihren Erwartungen entsprechen oder Sie einfach ein wenig Platz auf Ihrer Festplatte benötigen. Zusätzlich zu diesen Features wird auch eine Update-Funktion geboten, die Ihnen eine einfache Möglichkeit gibt, Ihre Programme auf dem neuesten Stand der Entwicklung zu halten. Dazu verwenden Sie den Befehl gem update.

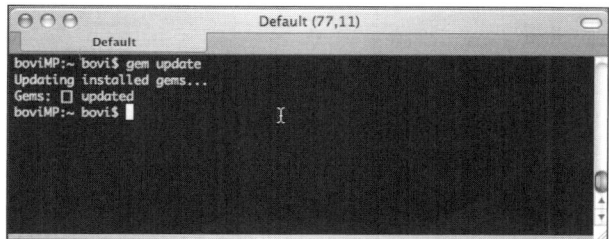

Abb. L8.4:   Pakete mit Rubygems aktualisieren

Wenn Sie Rubygems eine Weile verwenden, könnte es passieren, dass Sie den Überblick über die bereits installierten Programme verlieren. Diesen können Sie mit dem Befehl gem list wiedererlangen.

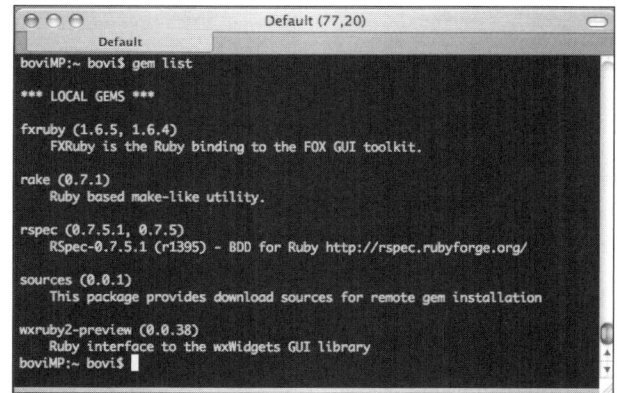

Abb. L8.5:   Installierte Pakete von Rubygems auflisten

Wenn Sie neu im Ruby-Universum sind, können Sie sich mithilfe der Suche einen ersten Eindruck darüber verschaffen, was es bereits an Ruby-Bibliotheken und -Programmen gibt. Dazu können Sie den Befehl `gem search -remote [Begriff]` verwenden.

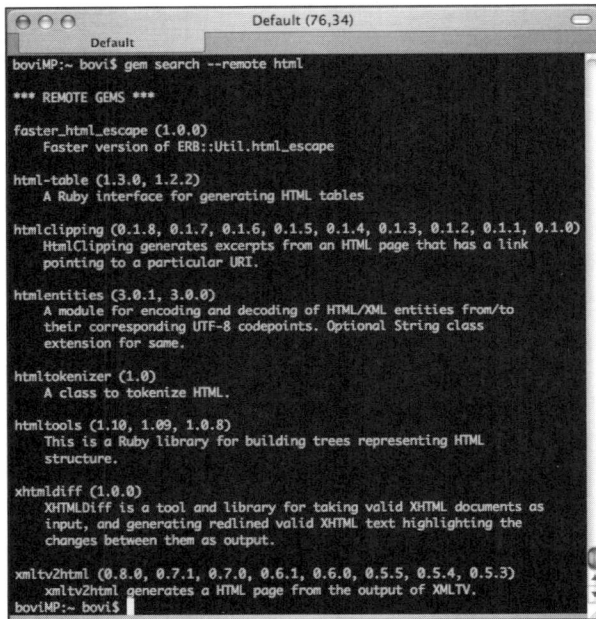

Abb. L8.6:   Nach einem Paket mithilfe von Rubygems suchen

Wenn Sie mithilfe der Suche ein entsprechendes Programm gefunden haben, können Sie dieses mit dem Befehl `gem install [Paketname]` installieren (siehe Abbildung L8.7).

Damit sind die Möglichkeiten von Rubygems jedoch bei Weitem noch nicht ausgereizt. Es gibt weiterhin die Möglichkeit, auch für seine eigenen Programme ein Paket zu erstellen, das Sie dann über den Paketmanager verwenden. Näheres zu den weiteren Programmfunktionen finden Sie unter *http://rubygems.org/read/book/1.*

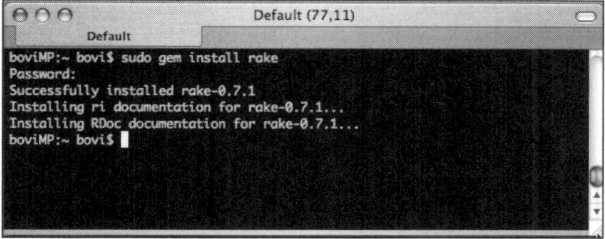

Abb. L8.7: Installieren von *Rake* mithilfe von Rubygems

Parameter	Funktion
help [Befehl]	Listet sämtliche Befehle von Rake auf. Dabei kann zusätzlich ein Rake-Befehl mit übergeben werden, um nähere Informationen zu diesem zu erhalten.
install [Paket]	Installiert ein Paket. Dieses Kommando kann local oder remote durchgeführt werden. Dies bedeutet, dass man entweder ein gem von einem lokalen Verzeichnis aus oder von einem Server installieren kann.
list [Paket]	Listet alle Pakete auf. Dabei kann ein Paketname mit angegeben werden, um nur die Informationen zu diesem Paket zu erhalten. Dieses Kommando kann auf die lokale Installation oder auf den gem-Server zugreifen und dessen gems auslesen.
build [Gemspec]	Erstellt ein eigenes Paket. Für dieses muss eine Paketspezifikationsdatei (*gemspec*) erstellt werden. Nähere Informationen hierzu gibt es unter *http://rubygems.org/read/chapter/20*.
search [Paket]	Sucht nach einem Paketnamen. Dieser muss nicht vollständig sein. Es gibt damit die Möglichkeit, bestimmte Muster zu suchen. Auch dieser Befehl kann local wie remote ausgeführt werden. Es kann also sowohl in der lokalen Installation gesucht werden als auch auf dem gem-Server.

Parameter	Funktion
`--remote`	Dieser Parameter kann mit vielen Rake-Kommandos kombiniert werden. Damit wird der entsprechende Befehl in den Remote-Modus gesetzt und arbeitet ab diesem Punkt auf dem im Internet befindlichen gem-Server.

Tab. L8.3: Befehls- und Parameterliste von Rake

L9 Web und Netzwerk

Eine der beeindruckendsten Entwicklungen der letzten zehn Jahre im IT-Bereich war wohl ohne Zweifel die schrittweise Vernetzung der gesamten Welt. Es ist heutzutage möglich, von jedem Ort der Erde seinen E-Mail-Postkasten auf neue Spamnachrichten zu überprüfen oder sein neues Traumauto auf der Webseite der namhaften Sportwagenhersteller zu konstruieren. Und an dieser Stelle kommt Ruby ins Spiel. Sie können nicht nur unglaublich effizient dynamische Webseiten mit Ruby erstellen. Sie haben auch die Möglichkeit, auf eine Vielzahl von Internetprotokollen zuzugreifen und mit diesen im Internet zu kommunizieren. Dieses Kapitel zeigt Ihnen exemplarisch, wie Sie die unterschiedlichen Protokolle verwenden und die besonderen Netzwerk-Features von Ruby einsetzen können.

FTP

Bei dem *File Transfer Protocol* handelt es sich um ein Netzwerkprotokoll zur Datenübertragung über TCP/IP. Es wird dazu verwendet, Dateien zwischen Client und Server oder Server und Server auszutauschen. Dabei kann entweder ein Download stattfinden, dies bedeutet ein FTP-Client fordert eine Datei von einem Server an. Oder es findet ein Upload statt, in diesem Fall wird dem Server eine Datei gesendet. Beim speziellen Server-zu-Server-Betrieb kann es noch sein, dass ein Server von einem Client dazu angewiesen wird, eine Datei an einen anderen Server zu senden oder von diesem Dateien herunterzuladen. **Übersicht**

Ruby liefert bereits standardmäßig eine Bibliothek zur Kommunikation über FTP aus. Mithilfe dieser ist es möglich, sich an einem FTP-Server anzumelden, dessen Verzeichnisse zu begutachten und Dateien im Text- oder Binärmodus herunter- oder auch hinaufzuladen. **Beispiel**

```
01  require 'net/ftp'
02
03  Net::FTP.open('ftp.server.com') do |ftp|
04    ftp.login('Benutzer', 'Kennwort')
05
06    ftp.chdir('verzeichnis_name')
07    ftp.list('*') do |file|
08      puts file
09    end
10
11    ftp.gettextfile('text.txt') do |line|
12      puts line
13    end
14
15    ftp.getbinaryfile('test.bin')
16
17    ftp.puttextfile('index.html')
18  end
```

Erklärung

Zu Beginn binden wir die Standardbibliothek ftp aus dem Ordner net ein. Innerhalb eines Codeblocks greifen wir von Zeile 3 bis 18 auf den FTP-Server ftp.server.com zu. Dieser Server ist fiktiv und mit hoher Wahrscheinlichkeit für Sie nicht erreichbar. Sollten Sie die Beispiele testen wollen, verwenden Sie stattdessen z.B. den FTP-Server Ihrer Internetseite oder installieren Sie auf Ihrem System einen lokalen Server. Das Einloggen findet in Zeile 4 statt. Der Methode login können wir zwei Parameter mitgeben, dabei handelt es sich beim ersten um den Benutzernamen und beim zweiten um das Kennwort. Mit dem Befehl chdir können wir innerhalb des FTP-Servers von Verzeichnis zu Verzeichnis wechseln. Im Beispiel gehen wir in den fiktiven Ordner verzeichnis_name. Ab dann wird mit der Methode list im aktuellen Verzeichnis nach einem bestimmten Muster gesucht, * steht dabei für jede Datei. Dieser Methoden übergeben wir einen Codeblock, der für jede gefundene Datei aufgerufen wird. Wenn wir eine Datei gefunden haben, die uns interessiert, greifen wir auf diese mit dem Befehl gettextfile und dem Dateinamen zu. Das Äquivalent für binäre Dateien ist getbina-

`ryfile`. Mit der Methode `puttextfile` können wir am Ende auch noch eine Datei auf den Server hochladen.

Webrick

Kennen Sie die Programme *Apache* und *IIS*? Es handelt sich bei diesen jeweils um Webserver, die über das Protokoll HTTP Informationen bereitstellen. Selbst wenn Sie bisher keine Kenntnis von diesen Programmen hatten, so nutzen Sie wahrscheinlich jeden Tag eines der beiden oder sogar beide Programme. Wenn Sie im Internet beispielsweise eine Webseite anschauen, so liegt die Wahrscheinlichkeit bei über 90%, dass diese Seite von einem Apache oder IIS versendet worden ist. Ein Webserver ist im Allgemeinen eine praktische Sache, weil er Daten wie HTML-Seiten bereitstellen kann, die von beinahe jedem Computer oder sogar auch vom Handy aus verarbeitet werden können. Es sollte Sie also erfreuen, dass Ruby nicht nur auf solche Dateien im Netzwerk zugreifen kann, sondern sogar einen eigenen Webserver standardmäßig mitbringt, den Sie innerhalb von Ruby beliebig parametrieren können.

Ruby bringt eine Standardbibliothek namens *Webrick* mit. **Beispiel** Diese ermöglicht die einfache Erstellung eines Webservers. In unserem Beispiel konfigurieren wir diesen Webserver so, dass er den Port 6000 nutzt. Das Standardverzeichnis ist */var/www* und zeigt bei uns auf ein Verzeichnis voller HTML-Dateien. Sollten Sie in Ihrem Verzeichnis eine Datei namens *index.html* liegen haben, so wird diese beim Aufruf von *http://localhost:6000* direkt angezeigt. Aber nun schauen wir uns erst einmal den Beispielcode an.

```
01   require 'webrick'
02   include WEBrick
03
04   server = HTTPServer.new(:Port => 6000)
05   server.mount('/', HTTPServlet::FileHandler, '/var/
     www')
```

```
06
07   ['TERM', 'INT'].each do |signal|
08     trap(signal){ server.shutdown }
09   end
10
11   server.start
```

Erklärung

Zeile 1 und 2 binden die Bibliothek Webrick ein. Da es sich dabei um ein Modul handelt, wenden wir ein `include` auf dieses an, um sämtliche Klassen direkt griffbereit zu haben. Eine neue Instanz unseres Webservers erstellen wir in Zeile 4. Dieser lauscht auf dem Port 6000, ob eine Anfrage gestellt wird. Direkt im Anschluss lassen wir das Hauptverzeichnis (`,/`) des Webservers direkt auf unser Webverzeichnis zeigen. Damit wird beim einfachen Aufruf des Webservers direkt der Inhalt unseres Webverzeichnisses angezeigt. In Zeile 7 bis 9 definieren wir den Ausstiegspunkt unseres Webservers. Wenn jemand ein `TERM`- oder `INT`-Signal an die Applikation sendet, wird der Server heruntergefahren. Dieses Signal kann auf mithilfe von ⌨Strg + C ausgelöst werden. In der letzten Zeile starten wir den Webserver.

Ruby on Rails

Übersicht

An dieser Stelle muss ich gestehen, dass Sie, wenn Sie im Internet aktiv sind und bis zum heutigen Tage noch nichts von Ruby on Rails gehört haben, definitiv irgendwas falsch gemacht haben müssen :-) In der Tat ist die Publicity um dieses Webframework auf ein – für die Ruby-Szene – bisher unerreichtes Niveau gestiegen. Innerhalb von weniger als 3 Jahren hat diese Technologie alteingesessenen Hasen das Fürchten gelehrt. Weiterhin ist laut einer jüngsten Gehaltsumfrage ein Entwickler für Ruby on Rails sogar höher dotiert als für das bisher unangefochtene SAP-Umfeld. Ob dies nun alles wirklich nur ein überbewerteter und gleichzeitig unglaublich lang anhaltender Hype ist oder doch mehr dahintersteckt, wage ich nicht zu sagen.

Jedoch lohnt sich für jeden, der im Bereich von Webapplikationen unterwegs ist, ein intensiver Blick auf dieses Framework. Selbst wenn man schlussendlich doch wieder mit Java oder .Net entwickeln muss, sind die Erfahrungen Gold wert und lassen sich im begrenzten Maße auch dazu nutzen, mit den handelsüblichen Technologien bessere Software zu erstellen.

Ruby on Rails ist für sich genommen keine einzelne Applikation, sondern eine Ansammlung von vielen sehr praktischen Bibliotheken. Diese fügen sich innerhalb von Rails zu einem Gerüst zusammen, das es ermöglicht, sehr effizient dynamische Webapplikationen mit einem Datenbank-Backend zu erstellen. Hierbei kommt u.a. das ebenfalls in diesem Buch kurz beschriebene *ActiveRecord* zum Einsatz. Mit diesem wird ein einfacher Zugriff auf die unterschiedlichsten Datenbanksysteme gewährt, ohne dabei *SQL* benutzen zu müssen. Der zweite wichtige Pfeiler ist das *ActionPack*. Dieses stellt eine angstfreie Schnittstelle zum HTTP-Protokoll her. Sämtliche Methoden, die innerhalb von HTTP für den Entwickler interessant sein könnten, wurden über dieses Paket gekapselt. So werden Übergabeparameter in Ruby-Datentypen gehalten, genauso wie Cookies und Session-Werte. Der dritte Pfeiler besteht aus vielen kleinen Paketen, die Rails erst den letzten Schliff geben. So gibt es mit dem Paket *ActiveSupport* viele kleine Optimierungen an der Sprache Ruby selbst. Mithilfe der Bibliothek *ActionMailer* können E-Mails von Webapplikationen aus versandt und empfangen werden. Und eines der neueren Pakete nennt sich *ActionWebService*. Dieses dient zum Zugriff auf *SOAP*- und *XML-RPC*-Datenquellen.

Aufteilung

Einer der praktischen Vorteile bei der Benutzung eines Frameworks wie Rails ist die Tatsache, dass von den Entwicklern bereits genau definiert wurde, wo welche Funktionalität hingehört. So bietet Rails exakt spezifizierte Ordner für Datenbankmodelle, Templates und Controller. Die von Rails angelegte Ordnerstruktur sehen Sie im folgenden Bild.

Struktur

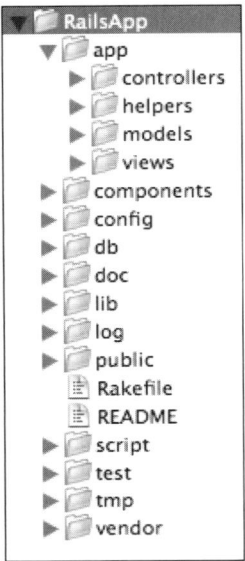

Abb. L9.1: Verzeichnisstruktur einer Rails-Anwendung

Dabei ist das Verzeichnis *app* hervorzuheben. Hier befindet
sich die Hauptlogik einer Standard-Rails-Applikation. Im Verzeichnis *controllers* befinden sich die einzelnen Controller, die
bestimmte Aktionen innerhalb einer Webseite verarbeiten. Im
Verzeichnis *helpers* werden Methoden definiert, die in mehr als
einem Controller und einer View sinnvoll verwendet werden
können. Das Verzeichnis *models* enthält die Klassendefinitionen für ActiveRecord, die den Zugriff auf die Datenbank koordi-
nieren. Im Ordner *views* ist schließlich das Aussehen der Applikation definiert. So kann hier jedem Controller eine bestimmte
Ansicht zugeordnet werden. Auch können globale Ansichten
über mehrere Controller oder über die gesamte Webseite definiert werden. Dies ist besonders für die Corporate Identity einer
Firma von besonderem Interesse. Neben diesem *app*-Verzeich-
nis gibt es noch den Bereich *config*, der die Konfiguration einer
Applikation enthält. Der Ordner *db* enthält die Datenbank-
schema-Dateien, um die Struktur innerhalb einer Datenbank

---

wiederherzustellen. Das *test*-Verzeichnis enthält schließlich die Testskripte für die gesamte Rails-Applikation.

Rails kann relativ trivial mithilfe von Rubygems installiert werden. Ein einfaches `gem install rails` sollte sämtliche Abhängigkeiten auflösen und mit installieren. Mit dem Befehl `rails` können Sie anschließend eine Rails-Verzeichnisstruktur erstellen. Nähere Dokumentationen zum Thema finden Sie direkt auf der offiziellen Website *http://www.rubyonrails.org/docs* oder auch bei der Wikimedia Foundation als Wikibook unter *http://de.wikibooks.org/wiki/Ruby_on_Rails*.

Installation, Nutzung und Dokumentation

L10 Datenbanken

Allgemeines zu Datenbanken

Datenbanken sind ein mächtiges Mittel, um große und komplexe Datenstrukturen effizient zu speichern, zu bearbeiten und in ihnen zu suchen. Da die Speicherung und Strukturierung von Informationen zu den wichtigsten Dingen gehört, die es im Bereich der Softwareentwicklung gibt, sollte es nicht weiter verwunderlich sein, dass beinahe jedes große Softwareunternehmen vor einiger Zeit noch eine eigene Datenbanksoftware anbot. Neben diesen kommerziellen Angeboten entwickelt sich parallel dazu jedoch seit Jahren eine starke Konkurrenz aus dem Open-Source-Bereich. Diese Datenbanksysteme haben die meisten der kommerziellen Anbieter aus dem Massenmarkt bereits verdrängt. Das hat sogar dazu geführt, dass einige Anbieter ihre Datenbanksysteme ebenfalls in Open-Source-Projekte umgewandelt haben. Im Jahr 2007 gibt es nur noch drei große Anbieter von geschlossenen Datenbanksystemen. So stellen IBM, Oracle und Microsoft, im Moment noch unangefochten von der Open-Source-Konkurrenz, die Produkte für den Highend-Bereich der Datenbanksysteme bereit, in denen Dinge wie hohe Performance und Ausfallsicherheit einen anderen Stellenwert besitzen.

Wie sollte es anders sein, bietet Ihnen Ruby nicht nur Zugriff auf eines dieser vielen Datenbanksysteme. Es werden auch annähernd alle bekannten Datenbanksysteme mit zusätzlichen Bibliotheken unterstützt. Hauptsächlich handelt es sich dabei um Open-Source-Datenbanken. Aber auch Systeme wie Oracle, MS SQL Server und DB2 sind von Ruby aus nutzbar. **Ruby und Datenbanken**

MySQL

MySQL (*http://www.mysql.de/*) ist im Bereich der dynamischen Webapplikationen das wohl führende Datenbankprodukt. Es wurde im Zusammenhang mit PHP zu einem der bekanntesten Open-Source-Datenbanken.

Für Ruby gibt es zwei unterschiedliche Bibliotheken. Bei der ersten handelt es sich um eine vollständig in Ruby geschriebene Schnittstelle (*http://www.tmtm.org/en/ruby/mysql/*). Diese ist durch die Implementierung in Ruby stark plattformunabhängig und kann auf den meisten Systemen, auf denen Ruby funktionstüchtig ist, eingesetzt werden. Dagegen gibt es noch eine optimierte Variante (*http://www.tmtm.org/en/mysql/ruby/*), die hauptsächlich in C implementiert ist. Um diese nutzen zu können, benötigen Sie eine Umgebung mit den Standard Unix Build Tools wie *make* und *gcc*.

Beispiel

Im Folgendem gehen wir davon aus, dass auf unserem lokalen Server eine MySQL-Instanz läuft. Diese stellt eine Datenbank mit dem Namen *Datenbank* zur Verfügung. Die Zugangskennung ist hierbei der Benutzername *Benutzer* mit dem Kennwort *Kennwort*.

```
01   require 'mysql'
02
03   m = Mysql.new('localhost', 'Benutzer', 'Kennwort',
     'Datenbank')
04   r = m.query("SELECT * FROM table;")
05   r.each_hash do |hash|
06     puts "Inhalt1: #{hash['Spalte1']} und Inhalt2:
     #{hash['Spalte2']}"
07   end
```

Erklärung

In Zeile 1 binden wir die MySQL-Bibliothek ein. Ob es sich dabei um die Ruby- oder C-Variante handelt, ist irrelevant. Ab Zeile 3 öffnen wir die Verbindung zum MySQL Server, indem wir eine neue Instanz der Klasse Mysql erstellen. Dieser übergeben wir die Verbindungsdaten, die aus Serveradresse,

Benutzername, Kennwort und Datenbankname bestehen. In Zeile 4 senden wir eine Datenbankabfrage mithilfe von SQL an die Datenbank und ab Zeile 5 bis 7 verarbeiten wir jede einzelne Zeile des Rückgabewertes innerhalb des Iterators each_hash. Diese Anwendung geht davon aus, dass wir innerhalb der Datenbank eine Tabelle mit dem Namen table besitzen. Diese Tabelle besitzt zwei Spalten mit den Namen Spalte1 und Spalte2.

SQLite

Bei SQLite (*http://www.sqlite.org/*) handelt es sich nicht im klassischen Sinne um eine Datenbank, sondern vielmehr um eine Bibliothek, die es ermöglicht, Datenbanken zu erstellen und mit ihnen zu arbeiten. Aufgrund dieser Möglichkeit wird diese Open-Source-Bibliothek oft als eine embedded Datenbank eingesetzt. Dies bedeutet, dass Programme zur Speicherung ihrer Informationen direkt die Programmbibliothek von SQLite verwenden. So können sämtliche Techniken, die eine Datenbank auszeichnen, intern verwendet werden, um die eigenen Strukturen abzubilden. Der Vorteil gegenüber einem klassischen Datenbankserver ist die nicht notwendige Installation eines eigenen Servers. Der größte Nachteil ist jedoch, dass der Zugriff nicht auf eine Vielzahl von Anwendern ausgelegt ist. Er ist jedoch möglich.

Übersicht

In dem folgenden Beispiel wird deutlich, dass SQLite dateibasiert arbeitet und eine gesamte Datenbank in einer einzigen Datei abspeichert. Unabhängig davon ist es auch möglich, Datenbanken über mehrere Dateien zu verteilen. In unserem Beispiel heißt die Datei *datenbank.db*. Auf diese kann ohne Benutzerkennung und Kennwort zugegriffen werden.

Beispiel

```
01   require 'sqlite'
02
03   db = SQLite::Database.new("datenbank.db")
04
```

```
05   db.execute("SELECT * FROM table") do |row|
06     puts "Inhalt1: #{row[0]} und Inhalt2: #{row[1]}"
07   end
08
09   db.close
```

Erklärung   In Zeile 1 binden wir unsere SQLite-Bibliothek (*http://sqlite-ruby.rubyforge.org/*) ein. Unsere Datenbankdatei wird in Zeile 3 eingelesen, dort wird im selben Schritt ein Datenbankobjekt erstellt. Ab Zeile 5 bis 7 greifen wir mithilfe von SQL auf die Tabelle `table` zu. Aus dieser lesen wir die erste und zweite Spalte aus. Schlussendlich beenden wir die Verarbeitung in Zeile 9 und schließen damit die Datenbank.

PostgreSQL

Übersicht   Bei der Datenbank PostgreSQL (*http://www.postgresql.org/*) handelt es sich, ähnlich wie bei MySQL, um eine Open-Source-Datenbank. Diese verlor zeitweise an Popularität, da von vielen Seiten behauptet wurde, sie wäre im Vergleich zu MySQL deutlich ineffizienter. Richtig ist, dass Datenbankzugriffe in Postgre-SQL teilweise länger dauern als mit MySQL. Falsch ist jedoch die Annahme, dass dies auf einer schlechten Implementierung beruht. Der Unterschied beruht vielmehr auf der Tatsache, dass in PostgreSQL deutlich mehr Funktionalität bereitgestellt wird. So handelt es sich bei dieser Datenbank um eine der ältesten und gleichzeitig modernsten objektrelationalen Datenbanksysteme im Open-Source-Bereich. Teilweise werden die Funktionen nur von Oracle übertroffen. Aufgrund der dadurch entstandenen Komplexität ist der entsprechende Performance-Nachteil leicht zu erklären. Eine weitere Besonderheit ist die Integration von Ruby direkt in die Datenbank. So besteht die Möglichkeit, Stored Pozedures direkt in Ruby für die Datenbank zu schreiben. Dieser Dialekt nennt sich PL/Ruby (*http://moulon.inra.fr/ruby/plruby.html*).

In unserem Beispiel greifen wir wie immer auf den lokalen Server zu. Dieser besitzt eine Instanz auf dem Port 5432 (Standardport von PostgreSQL). Der entsprechende Datenbankname ist *Datenbank* mit der Benutzerkennung *Benutzer* und dem Kennwort *Kennwort*.

Beispiel

```
01    require 'postgres'
02
03    conn = PGconn.connect("localhost", 5432, "", "",
      "Datenbank", "Benutzer", "Kennwort")
04    result = conn.exec("SELECT * FROM table")
05
06    puts "Inhalt1: #{result.fieldnum('Spalte1')} und
      Inhalt2: #{result.fieldnum('Spalte2')}"
```

Wir binden unsere Bibliothek für den Datenbankzugriff in Zeile 1 ein. In Zeile 3 öffnen wir eine Verbindung zur lokalen Datenbank. Anschließend wird mithilfe von SQL auf die Tabelle `table` zugegriffen, die zwei Spalten mit den Bezeichnungen `Spalte1` und `Spalte2` beinhaltet.

Erklärung

Oracle

Bereits 1979 wurde die erste Version des Datenbanksystems Oracle von der gleichnamigen Firma veröffentlicht. Damals wie heute ist das Ziel des Produkts das Highend-Segment im Datenbankbereich. Dies zeichnet sich durch Funktionen aus, die es erst möglich machen, Datenbanken über eine große Anzahl von Rechnern (Clustern) zu verteilen. Dies ist teilweise eine notwendige Anforderung für große Datenbanksysteme. Weiterhin ist das System für hochkritische Bereiche, aufgrund seiner redundanz- und backupbezogenen Features, ausgelegt. Die Fähigkeiten von Oracle können mehr als nur ein Buch füllen. Deshalb sei an dieser Stelle nur erwähnt, dass es sich bei Oracle um das wohl komplexeste Gebilde, das es an Datenbanksystemen gibt, handelt. Natürlich ist der Zugriff von Ruby aus möglich.

Übersicht

Beispiel

In unserem Beispiel greifen wir mithilfe der oci8-Bibliothek, die auf die 8er-Version von Oracle optimiert ist, auf die Datenbank zu. Jedoch ist es mit dieser auch möglich, auf neuere Systeme zuzugreifen. Dass es sich bei dieser Bibliothek nicht etwa um reine Spielerei handelt, zeigen auch verschiedene Artikel auf der Oracle-Website, die den Gebrauch von Ruby und dem Oracle-Treiber exemplarisch beschreiben.

```
01   require 'oci8'
02
03   conn = OCI8.new("Benutzer", "Kennwort")
04
05   conn.exec("SELCT * FROM table") do |row|
06     puts "Inhalt1: #{row[0]} und Inhalt2: #{row[1]}"
07   end
08
09   conn.logoff
```

Erklärung

Unser Skript beginnt mit dem Einbinden der Bibliothek. Darauf folgt die Erstellung einer neuen Instanz in Zeile 3. Direkt danach führen wir einen SQL-Befehl auf der Datenbank aus und verarbeiten das Resultat innerhalb eines Codeblocks. Das Schließen der Datenbankverbindung findet mithilfe der Methode logoff in der Zeile 9 statt.

DBI

Übersicht

Alle bisher erwähnten Bibliotheken sind in der Anwendung durchaus praktisch. Jedoch gibt es ein riesengroßes Manko bei der Nutzung einer dieser Bibliotheken. Und zwar legt man sich auf eine spezielle Datenbank fest. Damit wird eine spätere Änderung des Backends beliebig kompliziert. Ein deutliches Anzeichen für schlecht entwickelte Software. Eine Alternative dazu nennt sich DBI. Die Idee dieser Bibliothek stammt ursprünglich aus Perl. Bei DBI (*http://ruby-dbi.rubyforge.org/*) handelt es sich um ein Interface, das auf mehr als eine Datenbank zugreift. Um genau zu sein, wird eine ziemlich große

Anzahl von unterschiedlichen Datenbanken unterstützt, so z.B. DB2, Frontbase, InterBase, mSQL, MySQL, Oracle, PostgreSQL, und SQLite. Doch damit nicht genug. Es werden auch die datenbankunabhängigen Schnittstellen für ODBC und ADO unterstützt. Damit wird wohl der Großteil der heute verwendeten Datenbanken erschlagen. Innerhalb vom DBI besitzen Sie nun die Möglichkeit, auf eine bestimmte Weise auf eine Datenbank zuzugreifen. Um welches Datenbanksystem es sich dabei im Speziellen handelt, wird bei der Instanzierung des DBI-Objekts parametriert.

In unserem Beispiel verwenden wir DBI, um auf einen lokalen **Beispiel** MySQL-Server zuzugreifen. Auf diesem gibt es die Datenbank mit dem Namen *Datenbank*, der Benutzerkennung *Benutzer* und dem Kennwort *Kennwort*.

```
01  require "dbi"
02
03  db = DBI.connect("DBI:Mysql:Datenbank:localhost",
    "Benutzer", "Kennwort")
04  result = dbh.execute("SELECT * FROM table")
05
06  result.fetch_hash do |row|
07    puts "Inhalt1: #{row["Spalte1"]} und Inhalt2:
    #{row["Spalte2"]}"
08  end
09
10  result.finish
11  db.disconnect
```

Die Bibliothek wird in Zeile 1 eingebunden und in Zeile 3 für das **Erklärung** Instanzieren einer MySQL-Datenbankinstanz verwendet. Anstelle von DBI:Mysql:Datenbank:localhost können Sie auch einen anderen Treiber für eine andere Datenbank laden. Wie senden nun in Zeile 4 einen SQL-Befehl an die Datenbank und werten das Resultat mithilfe des Iterators each_hash von Zeile 6 bis 8 aus. Unser Ergebnis wird in Zeile 10 bereinigt und direkt danach schließen wir die Datenbank.

ActiveRecord

Übersicht

Bei der letzten Zugriffsvariante auf Datenbanken handelt es sich um den objektrelationalen Zugriff. Darunter versteht man die Abbildung einer Tabelle und ihrer Spalten in Form einer Klasse. Dabei entspricht jede Klasse genau einer Tabelle und jedes Attribut dieser Klasse einer speziellen Spalte. Ein Datensatz ist nun eine Instanz einer solchen Klasse. Diese Art der Beziehung zwischen Klassen und Tabellen ist nicht neu, hat jedoch erst in den letzten Jahren aufgrund von Bibliotheken wie Hibernate für Java und ActiveRecord für Ruby an Bedeutung gewonnen. In diesem Abschnitt geht es nun um ActiveRecord.

Der erste offensichtliche Vorteil einer solchen Zwischenschicht ist der teilweise Wegfall von SQL. Dadurch ist es möglich, ähnlich wie bei DBI auch in ActiveRecord mehr als eine Datenbank als Zielsystem zu unterstützen. Die Unterstützung ist dabei ähnlich imposant wie die von DBI. So werden die Datenbanken DB2, Firebird, FrontBase, MySQL, OpenBase, Oracle, PostgreSQL, SQL Server, SQLite und Sybase standardmäßig unterstützt. Der Wegfall von SQL ist dadurch zu erklären, dass sämtliche Datenbankmethoden auf Ruby-Methoden gelegt wurden. So wird für eine Suche nicht mehr der SELECT-Befehl von SQL verwendet, sondern die find-Methode von ActiveRecord.

Beispiel

In unserem Beispiel greifen wir wie auch im vorherigen Beispiel auf einen lokalen MySQL-Datenbankserver zu. Zusätzlich dazu erstellen wir eine Klasse, die unsere Tabelle widerspiegelt. Auf dieser führen wir eine Suche aus und geben anschließend den Inhalt des entsprechenden Resultats aus.

```
01  require 'active_record'
02
03  ActiveRecord::Base.establish_connection(
04    :adapter => "mysql",
05    :username => "Benutzer",
06    :password => "Kennwort",
07    :database => "Datenbank",
```

```
08    :host => "localhost")
09
10
11  class Tabelle < ActiveRecord::Base
12    set_table_name "table"
13  end
14
15  Tabelle.find(:all).each do |row|
16    puts "Inhalt1: #{row.Spalte1} und Inhalt2:
      #{row.Spalte2}"
17  end
```

ActiveRecord wird in Zeile 1 eingebunden. Direkt danach wird **Erklärung**
mithilfe der Methode establish_connection der Klasse Base die
Verbindungsart konfiguriert. In Zeile 11 erstellen wir nun eine
Klasse, die unsere Tabelle table abbildet. Dabei müssen wir
von der Klasse Base erben. In Zeile 12 setzen wir hierzu den
Tabellennamen. Ab Zeile 15 führen wir eine Suche auf der
Datenbank aus. Dabei suchen wir nach allen Datensätzen, dies
wird mithilfe des Symbols :all realisiert. In Zeile 15 sehen wir
ein bisschen Magie. Statt auf einen Hash oder ein Array zuzugreifen, haben wir nun ein richtiges Objekt, das für jede Spalte
eine entsprechende Methode bereitstellt. Diese Methoden werden erst zur Laufzeit geprüft und können deshalb nur dann
funktionieren, wenn eine entsprechende Datenbankspalte auch
wirklich vorhanden ist.

Teil II: Üben

Ü1 Übungen zu Kapitel L1

1 Mit welchem Befehl werden Bibliotheken eingebunden? Nennen Sie eine Standardbibliothek.

Mit dem Befehl `require` werden Bibliotheken eingebunden. Eine Standardbibliothek ist `date`, die Datum und Zeitfunktionen bereitstellt.

2 Welche Methoden fallen Ihnen ein, um eine Zeichenkette auf dem Standardausgabegerät auszugeben?

Wie wäre es mit den folgenden drei:

```
01    puts 'Eine Ausgabe mit automatischem Zeilenumbruch.'
02    print 'Ausgabe ohne Zeilenumbruch.'
03    printf "Ausgabe mit %s Formatierungsmöglichkeiten.", "extra"
```

3 Wie wird eine Anweisung abgeschlossen?

Nach einem Zeilenumbruch gilt eine Anweisung als beendet. Es besteht zusätzlich die Möglichkeit, mithilfe eines Semikolons das Ende zu markieren:

```
01    puts 'Dies ist die erste Zeile'
02    puts 'Zweite'; puts 'Dritte'; puts 'Vierte'
```

4 Welche Methode eines DateTime-Objekts gibt die Kalenderwoche zurück?

Mithilfe von `cweek` erhält man die Kalenderwoche eines DateTime-Objekts:

```
01    require 'date'
02
03    date = DateTime.now
04    puts date.cweek
```

5 **Wozu dient das Schlüsselwort do?**

Es leitet einen Codeblock wie folgt ein:

```
01  5.times do
02    puts 'Ein fünffaches Hip Hip Hurra'
03  end
```

6 **Welche besondere Position nimmt eine Methode mit dem Namen initialize in einer Klassendefinition ein?**

Es handelt sich dabei um den Konstruktor der Klasse. Dieser wird beim Initialisieren eines Objekts aufgerufen:

```
01  class Human
02    def initialize
03      puts 'ich lebe!'
04    end
05  end
06
07  daniel = Human.new
```

7 **Mit welchem Schlüsselwort werden Klassendefinitionen und Codeblöcke beendet?**

Mithilfe des Schlüsselwortes end wird in Ruby beinahe jeder Codeabschnitt beendet:

```
01  class Klassenname
02    def methoden_name
03      10.times do
04        puts 'zehnfache Wiederholung'
05      end
06    end
07  end
```

Ü2 Übungen zu Kapitel L2

1 Welcher Datentyp ist für Sie der wichtigste und bedeutendste?

Für mich ist es die Zeichenkette (String), weil sie es ermöglicht, meine Gedanken menschen- und maschinenlesbar zu formulieren. Sollten Sie anderer Meinung sein, so bin ich enttäuscht von mir, dass ich Sie nicht überzeugen konnte. Jedoch würde ich mich über eine Begründung Ihrerseits freuen.

2 Zwischen welchen zwei Varianten müssen Sie sich bei der Initialisierung von Zeichenketten entscheiden?

Sie müssen sich dafür entscheiden, ob Sie Ihre Initialisierung mit einem Single-Quoted oder einem Double-Quoted String durchführen.

3 Müssen Sie, um Escape-Sequenzen wie \n oder \t zu verwenden, einfache oder doppelte Anführungszeichen verwenden?

Sie müssen Double-Quoted Strings, also Zeichenketten mit doppelten Anführungszeichen, verwenden. Andernfalls werden die Escape-Sequenzen so, wie sie sind, in die Zeichenkette übernommen.

4 Welche Art der Zeichenketten-Initialisierung löst bei Programmierneulingen oft Angstzustände aus, ist aber gleichzeitig unglaublich praktisch, da sie die Möglichkeit gewährt, die Begrenzer vollkommen frei zu definieren?

Es handelt sich hierbei um *Here Documents*. Diese bieten die Möglichkeit, eine eigene Zeichenkette als Begrenzer zu definieren. Da dieses Konstrukt jedoch oft über sehr viele Zeilen verteilt sein kann und dadurch schwer zu überblicken ist, wird die Verwendung von vielen Leuten vermieden.

5 **Mit welchem Konstrukt können innerhalb eines Double-Quoted String eigene Ausdrücke ausgeführt werden? Erstellen Sie eine Zeichenkette, die ein solches Konstrukt enthält, und führen Sie eine Subtraktion innerhalb dieser durch.**

Mithilfe von #{...} können innerhalb von Zeichenketten mit doppelten Anführungszeichen weitere Ausdrücke ausgeführt werden. Eine solche Zeichenkette mit einer Subtraktion könnte wie folgt aussehen:

```
01   "43 - 5 = #{43 - 5}"
```

6 **Mit welcher Methode können Sie die Anzahl aller Zeichen in einer Zeichenkette ermitteln? Was ist das Problem an dieser Methode, wenn Sie sich nur für die Buchstaben interessieren?**

Mithilfe von length erhalten Sie die Anzahl von allen Zeichen, die sich innerhalb einer Zeichenkette befinden. Das Problem ist hierbei, dass auch Leerzeichen und Sonderzeichen mitgezählt werden. Sollte man nur die Buchstaben zählen wollen, so ist diese Methode unbrauchbar.

7 **Welche Funktionalität bietet die Methode capitalize? Und warum ist die Anwendung dieser Methode auf eine Zeichenkette, die einen Satz enthält, nicht sinnvoll?**

Die Methode capitalize wandelt den ersten Buchstaben einer Zeichenkette in Großschrift um. Dabei werden alle anderen Buchstaben in Kleinschrift umgewandelt, sofern sie nicht bereits klein sind. Da ein Satz im Deutschen ein Substantiv enthält, das nicht unbedingt am Anfang stehen muss, endet die Anwendung der Methode capitalize auf einen solchen Satz zu hoher Wahrscheinlichkeit mit Rechtschreibfehlern.

8 **Können Sie den Satz "Albeite floehlich ohne mullen und knullen." mithilfe von gsub ohne Weiteres korrigieren?**

Nein. Sie können zwar versuchen, die Ersetzung rückgängig zu machen, also den Buchstaben »l« durch den Buchstaben »r« auszuwechseln:

```
01  "Albeite floehlich ohne mullen und knullen.".gsub('l', 'r')
```

Damit würden Sie aber fehlerhafterweise aus dem ursprünglichen Wort *froehlich* das Wort *froehrich* erschaffen. Mit einer zusätzlichen Ersetzung können Sie den Fehler natürlich wieder ausbessern:

```
01  "Albeite floehlich ohne mullen und knullen.".gsub('l',
    'r').gsub('froehrich', 'froehlich')
```

9 **Verzehnfachen Sie die folgende Zeichenkette: "Eins".**

```
01  "Eins" * 10
```

10 **Welche unterschiedlichen Arten von Zahlen gibt es in Ruby?**

Ganze Zahlen, negative Zahlen und Gleitkommazahlen.

11 **Welche Methode können Sie in Verbindung mit ganzen Zahlen verwenden, um einen Codeblock zu wiederholen? Wiederholen Sie den folgenden Befehl fünfmal: puts 'HipHipHurra alles ist Super.'.**

Mithilfe von times kann der übergebene Codeblock bestimmt oft ausgeführt werden. Eine fünffache Ausführung der Anweisung puts 'HipHipHurra alles ist Super.' sieht wie folgt aus:

```
01  5.times do
02    puts 'HipHipHurra alles ist Super.'
03  end
```

12 **Ab welcher Nachkommastelle rundet Ruby auf bzw. ab?**

Ruby rundet kaufmännisch z.B. bei 0.5 auf 1 und bei 2.4 auf 2.

Ü3 Übungen zu Kapitel L3

1 Erzeugen Sie ein neues string-Objekt, setzen Sie eine Referenz auf dieses und geben Sie die Länge aus.

```
01   string = "Meine Zeichenkette"
02   puts string.length
```

2 Erzeugen Sie eine konstante und variable Referenz für zwei Zahlenobjekte. Addieren Sie anschließend die beiden Objekte und geben Sie das Resultat aus.

```
01   FixNumber = 42
02   var_number = 3
03   puts FixNumber + var_number
```

3 Geben Sie die Klasse von 42, "Zeichenkette" und 3.2 aus. Überlegen Sie sich vorher, zu welchen Klassen diese Objekte gehören.

42 ist ein Fixnum, "Zeichenkette" ein String und 3.2 ein Float.

```
01   puts 42.class
02   puts "Zeichenkette".class
03   puts 3.2.class
04
05   first_reference = 42
06   second_reference = first_reference
07   second_reference = 45
08   puts first_reference.object_id
09   puts second_reference.object_id
```

4 Sind die Ausgaben der beiden Referenzen identisch? Begründen Sie das Resultat.

Das Ergebnis unterscheidet sich, da die beiden Referenzen auf zwei unterschiedliche Objekte zeigen. Die zweite Zuweisung wird von der dritten überschrieben.

5 **Wie wird eine Singletonclass noch genannt? Wozu dient sie? Erstellen Sie ein Beispiel.**

Eine Signletonclass wird auch Eigenclass genannt. Es handelt sich dabei um eine Ansammlung von Fähigkeiten, die nur für ein einzelnes Objekt Gültigkeit haben. Ein Beispiel, in dem einem String eine neue Methode hinzugefügt wird, könnte so aussehen:

```
01   string = "Meine Zeichenkette"
02   class << string
03     def sing
04       puts "I'm singing in a String."
05     end
06   end
07   string.sing
```

6 **Fügen Sie allen Zeichenketten global die Methode sing hinzu. Diese soll die Ausgabe I'm singing in a String produzieren.**

Dazu müssen Sie die Klasse String öffnen:

```
01   class String
02     def sing
03       puts "I'm singing in a String"
04     end
05   end
06   "Ein String der singt".sing
```

7 **Was sind Objekte und welche Bedeutung haben Klassen in Ruby?**

Objekte sind Ansammlungen von Informationen, gepaart mit der Fähigkeit, diese zu verarbeiten. Klassen wiederum sind die Baupläne, nach denen solche Objekte erzeugt werden.

8 Was ist ein Konstruktor?

Ein Konstruktor ist in Ruby die Methode einer Klasse mit dem Namen `initialize`. Diese Methode wird während der Erstellung (Konstruktion) eines Objekts aufgerufen und dient der Initialisierung.

9 Wir wird ein neues Objekt erstellt? Zeigen Sie ein Beispiel mit der Klasse `Object`.

Um ein Objekt zu erstellen, verwendet man die Methode `new`, die von einer Klasse bereitgestellt wird:

```
01   Object.new
```

10 Wie wird eine Referenz markiert, damit sie innerhalb eines gesamten Objekts verfügbar ist?

Ein Klammeraffe am Anfang des Referenznamens sorgt dafür, dass diese Referenz als Objektvariable verarbeitet wird. Damit kann sie von jeder Objektmethode innerhalb einer Instanz angesprochen werden.

11 Was hat es mit den doppelten Klammeraffen auf sich?

Sofern der doppelte Klammeraffe am Anfang eines Referenznamens auftritt, handelt es sich bei dieser um eine Klassenvariable. Diese Variable existiert nur ein einziges Mal, steht aber in jeder Instanz einer bestimmten Klasse zur Verfügung.

12 Erstellen Sie eine Klasse mit einem beliebigen Namen und einer beliebigen Methode. Einzige Bedingung ist, dass diese Methode nicht von außen aufrufbar sein darf.

Mithilfe von `private` kann man eine Methode als privat markieren. Damit ist sie nicht mehr von außen greifbar.

```
01   class MyClass
02     private
03     def my_method
```

```
04    puts 'Das wird nicht gedruckt, weil ich nicht aufgerufen
      werden kann.'
05    end
06  end
```

13 Von welcher Klasse erbt die folgende:

```
01  class MyClass
02    def my_method
03    end
04  end
```

Da nicht explizit angegeben wurde, dass die Klasse von einer anderen erben soll, wird standardmäßig die Klasse Object verwendet. MyClass besitzt nun sämtliche Methoden von Object, zusätzlich dazu noch die unnütze Methode my_method.

14 Erstellen Sie zwei beliebige Klassen. Einzige Bedingung ist, dass eine Klasse von der anderen erben muss.

Die Klasse SecondClass erbt von FirstClass.

```
01  class FirstClass
02  end
03
04  class SecondClass < FirstClass
05  end
```

15 Wozu können Sie Module verwenden?

Es können damit Klassen- und Methodensammlungen erstellt werden. Dadurch wird es möglich, Klassen und Methoden mit demselben Namen zu erzeugen. Weiterhin können Sie ein Modul, das eine Methodensammlung enthält, in eine Klasse einmixen und damit sämtliche Methoden in die Klasse integrieren.

Ü4 Übungen zu Kapitel L4

1 **Wie nennt sich die Klasse, die eine sortierte Liste in Ruby darstellt? Erstellen Sie eine einfache Liste mit vier Elementen.**

Die entsprechende Klasse nennt sich Array.

```
01   list = [1, 2, 3, 4]
```

2 **Was ist ein Iterator? Nennen Sie eine praktische Verwendung dafür und geben Sie ein Codebeispiel.**

Ein Iterator ist eine Methode, die eine Liste abarbeitet. Dabei kann für jedes Element z.B. eine bestimmte Aktion ausgeführt werden. Jedes Array besitzt z.B. den Iterator each. Dieser führt die mithilfe eines Codeblocks übergebene Funktionalität für jedes einzelne Element aus.

```
01   [1,2,3,4].each do |element|
02     puts element
03   end
```

3 **Was ist ein Hash? Worin unterscheidet er sich von einem Array?**

Ein Hash ist eine unsortierte Liste. Er besitzt im Gegensatz zu einem Array die Möglichkeit, nicht nur Zahlen, sondern jedes erdenkliche Objekt als Index zu verwenden.

4 **Erstellen Sie ein Hash mit vier Elementen. Verwenden Sie dazu einige Menschen, die Sie kennen, und benutzen Sie deren Namen als Index und das entsprechende Alter als Wert:**

```
01   {'Andrea' => 45, 'Thomas' => 30, 'Jerome' => 22, 'Lillii' =>
     21}
```

5 **Wie können Sie elegant einen Zahlenbereich in Ruby darstellen? Erstellen Sie einen solchen Bereich von 23 bis 34. Anschließend verwenden Sie einen Iterator und geben jede dieser Zahlen in einer eigenen Zeile aus.**

Mithilfe der Klasse `range` lassen sich Zahlenbereiche darstellen.

```
01   range = 23..34
02   range.each do |element|
03     puts element
04   end
```

6 **Mit welcher Methode können Sie eine Liste sortieren?**

Die Methode `sort` sortiert eine Liste nach bestimmten Vorgaben. Sollten Sie mit diesen Vorgaben nicht klarkommen, können Sie mithilfe von `sort_by` die entsprechende Liste kurzzeitig umformen und auf dieser neuen Liste eine Sortierung durchführen.

7 **Wie können Sie die folgende Liste mit einer Methode und einem Codeblock vollständig in Kleinbuchstaben umwandeln?**

```
01   list = ['CAPS', 'LOCK', 'KLEMMT']
```

Es gibt die Methode `collect`. Damit können Sie eine bestimmte Methode auf jedes Element einer Liste ausführen. Anschließend wird die angepasste Liste zurückgegeben. Mit `downcase` wandeln Sie Großbuchstaben in Kleinbuchstaben um.

```
01   puts list.collect {|element| element.downcase}
```

8 **Erstellen Sie eine Methode, die einen Codeblock empfangen kann und diesen viermal aufruft. Sie dürfen jedoch nicht das Schlüsselwort `yield` verwenden.**

```
01   def repeat_four_times(&block)
02     4.times { block.call }
03   end
```

Sie können natürlich die Wiederholung beliebig variieren.

Ü5 Übungen zu Kapitel L5

1 **Welches Konstrukt führt den ersten ihm zugewiesenen Block aus, wenn sein Ausdruck `true` ist? Mit welchem Schlüsselwort wird der zweite Codeblock eingeleitet, der im Alternativfall ausgeführt wird?**

Es handelt sich hierbei um ein `if`-Konstrukt, der Alternativzweig wird mit `else` eingeleitet.

2 **Wofür steht `elsif` und wozu kann man es einsetzen? Zeigen Sie ein beliebiges Beispiel, in dem ein solches Konstrukt verwendet wird.**

`elsif` steht für eine Zusammenführung von `else` und `if`. Dabei handelt es sich um einen Alternativzweig, der jedoch ebenfalls eine Bedingung besitzt.

```
01   if 1 != 2
02     puts '1 ist ungleich 2'
03   elsif 1 == 2
04     puts "1 ist gleich 2"
05   elsif 2 == 2
06     puts "2 ist gleich 2"
07   end
```

3 **Welcher Operator negiert die Wirkung von ==. Welcher Befehl tut dasselbe mit der kompletten `if`-Bedingung?**

Die Negierung von `==` ist `!=`. Mithilfe von `unless` lässt sich dies auch auf höherer Ebene negieren.

4 **Nennen Sie alle Vergleichsoperatoren, die Sie kennen.**

`==`, `!=`, `<`, `>`, `<=`, `>=`

5 **Erschaffen Sie anhand des folgenden Konstrukts ein äquivalentes. Verwenden Sie jedoch die Anweisung** case.

```
01  if "Klopapier" == "Cola"
02      puts 'Schwarz, lecker und Koffein'
03  elsif "Klopapier" == "Orangensaft"
04      puts 'Das kann man trinken und ist gesund.'
05  elsif "Klopapier" == "Klopapier"
06      puts 'Damit kann man Teile seines Körpers reinigen.'
07  end
```

Eine Lösung könnte z.b. so aussehen:

```
01  case "Klopapier"
02  when "Cola"
03      puts 'Schwarz, lecker und Koffein'
04  when "Orangensaft"
05      puts 'Das kann man trinken und ist gesund.'
06  when "Klopapier"
07      puts 'Damit kann man Teile seines Körpers reinigen.'
08  end
```

6 **Welches Schleifenkonstrukt erzeugt standardmäßig eine Endlosschleife? Erstellen Sie ein solches Konstrukt, das jedoch nach dem zweiten Durchlauf abbricht.**

Die loop-Schleife besitzt standardmäßig keine Bedingung und läuft aus diesem Grund ewig.

```
01  count = 0
02
03  loop do
04      count += 1
05      break if count == 2
06  end
```

7 **Welche Schleife vermindert von Haus aus die Wahrscheinlichkeit einer Endlosschleife, weil sie keinen direkten Zähler benötigt? Erstellen Sie mithilfe dieses Konstrukts eine Schleife, die zehn Durchläufe durchführt.**

Mithilfe von `for .. in ..` braucht man sich nicht um den
Schleifenzähler zu kümmern, da die Wiederholungen nur so oft
durchgeführt werden, wie es auch Elemente gibt.

```
01   for element in 1..10
02     puts 'test'
03   end
```

8 **Neben break und next gibt es noch zwei weitere Anweisungen, die den Schleifendurchlauf manipulieren können.
Nennen Sie diese zwei Anweisungen und überlegen Sie
sich, warum es gefährlich sein könnte, diese zu verwenden.**

Es existieren noch die Befehle `redo` und `retry`. Diese wiederholen eine Schleife auf bestimmte Weise. Hierbei kann es natürlich zu der Gefahr kommen, dass sie auf unendliche Art und
Weise eine Schleife wiederholen und so eine Endlosschleife
produzieren.

Ü6 Übungen zu Kapitel L6

1 Wo liegt der Unterschied zwischen print und puts?

puts fügt bei jeder Ausgabe zusätzlich noch einen Zeilenumbruch an. print dagegen gibt einfach die Zeichenkette ohne weitere Modifikationen aus.

2 Schreiben Sie ein kleines Programm, das den Vor- und Nachnamen einer Person abfragt. Geben Sie diesen Namen anschließend aus.

```
01  puts "Geben Sie bitte Ihren Vornamen ein:"
02  first_name = gets.chomp
03  puts "Geben Sie bitte Ihren Nachnamen ein:"
04  last_name = gets.chomp
05  puts "Guten Tag #{first_name} #{last_name}."
```

3 Mit welcher Klasse können Sie Dateien bearbeiten? Öffnen Sie testweise eine Datei und schließen Sie diese danach sofort wieder. Verwenden Sie dazu keinen Codeblock.

Die Klasse File stellt sehr viele Möglichkeiten bereit, eine Datei zu bearbeiten.

```
01  file = File.open("test.txt")
02  file.close
```

4 Öffnen Sie eine Datei mithilfe eines Codeblocks. Geben Sie nur die Anzahl der in der Datei enthaltenen Zeilen aus.

```
01  File.open("test.txt") do |file|
02    line_no = 0
03    file.each { |line| line_no += 1 }
04    puts "Die Datei besitzt #{line_no} Zeilen."
05  end
```

5 **Prüfen Sie, ob die Datei *neu.txt* bei Ihnen auf dem Rechner vorhanden ist. Geben Sie eine dazu passende Meldung aus, die die Existenz entweder bestätigt oder verneint.**

```
01   if File.exist?('neu.txt')
02     puts 'Die Datei existiert'
03   else
04     puts 'Die Datei existiert nicht'
05   end
```

6 **Erstellen Sie eine neue Datei und schreiben Sie einen beliebigen Satz hinein.**

```
01   File.open('neue_datei.txt', "w+") do |file|
02     file.puts 'Hallo neue Datei.'
03   end
```

7 **Was ist das Problem bei einem normalen Schreibmodus, wenn die Datei schon vorhanden ist? Wie können Sie es umgehen?**

Ist eine Datei schon vorhanden und wird zum Schreiben geöffnet, wird der gesamte Inhalt überschrieben. Lösen kann man das Problem, indem die Datei im Append-Modus geöffnet wird. Dies könnte wie folgt aussehen:

```
01   File.open('neue_datei.txt', File::RDWR + File::APPEND) do |file|
02     file.puts 'Diese Zeile kommt an das Ende.'
03   end
```

8 **Mit welcher Methode können Sie herausfinden, ob eine Datei ein Verzeichnis ist? Wie könnte das Löschen einer solchen Datei aussehen?**

Die Klasse File stellt die Methode directory? bereit. Mit dieser kann getestet werden, ob es sich bei einer Datei um ein Verzeichnis handelt. Das Löschen einer Datei könnte mit der Methode delete so implementiert werden:

```
01   File.delete('neue_datei.txt')
```

Ü7 Übungen zu Kapitel L7

1   Wozu sollten Sie Informationen in einer Datei abspeichern?

Die Speicherung von Informationen in einer Datei dient der permanenten Sicherung von Daten. Weiterhin dient sie aufgrund von Spezifikationen dazu, Informationen in unterschiedlichen Programmen und über Plattformen hinweg nutzen zu können.

2   Nennen Sie drei Formate, die Sie standardmäßig unter Ruby verwenden können. Welche Bibliotheken sind für die jeweilige Nutzung notwendig?

Ruby unterstützt standardmäßig die Comma Seperated Values (CSV), die Extensible Markup Language (XML) und YAML. Für CSV gibt es die gleichnamige Bibliothek `csv`. XML-Dokumente werden mit der `document`- Bibliothek aus dem Ordner `rexml` verarbeitet und YAML besitzt ebenfalls die gleichnamige Bibliothek `yaml`.

3   Lesen Sie den folgenden Text mit der dafür geeignetsten Bibliothek aus. Und geben Sie die einzelnen Elemente zeilenweise aus.

```
<todolist>
  <task desc="Kapitel 7 zu Ende lesen" />
  <task desc="Kaffee kochen" />
  <task desc="Japanisch lernen" />
</todolist>
```

Da es sich sichtbar um ein XML-Dokument handelt, verwenden wir die entsprechende Bibliothek, um die Aufgaben auszulesen:

```
01  require 'rexml/document'
02  include REXML
03
04  xml_data = <<XML
05  <todolist>
06    <task desc="Kapitel 7 zu Ende lesen" />
```

```
07    <task desc="Kaffee kochen" />
08    <task desc="Japanisch lernen" />
09    </todolist>
10    XML
11    xml_doc = Document.new xml_data
12    xml_doc.elements.each("todolist/task") do |product|
13      puts product.attributes['desc']
14    end
```

Sie könnten selbstverständlich mit der Klasse File auch eine Datei mit dem Inhalt statt einer Zeichenkette verwenden.

4 Erstellen Sie ein YAML-Dokument, das mit dem folgenden Skript die entsprechende Ausgabe erzeugt:

```
01    require 'yaml'
02    yaml_data = "YAML INHALT"
03    shopping_list = YAML.load(yaml_data)
04    shopping_list.each do |key, element|
05      puts "'#{key}' hat Priorität #{element}."
06    end
```

Ausgabe:

```
'lesen' hat die Priorität 10.
'Kaffee' hat die Priorität 8.
'Japanisch' hat die Priorität 2.
```

Das YAML-Dokument müsste wie folgt aussehen:

```
lesen: 10
Kaffee: 8
Japanisch: 2
```

5 Mit welcher Methode können Sie ein Objekt in eine YAML-Struktur überführen? Woran müssen Sie bei der Verwendung denken?

Die Methode to_yaml bietet die Möglichkeit, aus einem Standard-Ruby-Objekt eine YAML-Zeichenkette zu erstellen. Um diese Methode jedoch verwenden zu können, müssen Sie zuerst die yaml-Bibliothek einbinden.

Ü8 Übungen zu Kapitel L8

1 Warum sollten Sie Ihren Quelltext mit Kommentaren bestücken?

Da die Idee einer Implementierung meistens in Form eines Quelltextes länger und unübersichtlich als ein einfacher beschreibender Satz in Englisch oder Deutsch ist, macht es Sinn, an ausgewählten Stellen im Programm eine Information zu hinterlassen, die erklärt, warum ein bestimmter Befehl ausgeführt wird. Die Frage »Wie« ist dabei meist nebensächlich, da dies explizit im Quelltext formuliert ist.

2 Welche Kommentarbefehle gibt es in Ruby? Welcher wird am häufigsten verwendet?

Ein einzeiliger Kommentar kann mithilfe von # festgelegt werden. Eine Alternative hierzu bietet der mehrzeilige Kommentar, der mit =begin am Anfang einer Zeile begonnen wird und mit =end am Ende, wieder am Anfang einer Zeile, geschlossen wird. Derzeit wird das einzeilige Kommentarzeichen hauptsächlich verwendet, da das mehrzeilige Symbol immer am Anfang einer Textzeile stehen muss und so den Einrückungsstil unterbricht.

3 Wie können Sie aus diesen Kommentaren eine ordentlich formatierte Dokumentation erstellen?

Mit RDoc gibt es ein Programm, das in einem Verzeichnis nach allen relevanten Dateien sucht und diese innerhalb mehrerer HTML-Dateien dokumentiert.

4 Welchen Vorteil bietet ri im Gegensatz zu RDoc und seinen HTML-Dateien?

Sie haben bei dem Programm ri direkt die Möglichkeit, nach bestimmten Methoden, Klassen oder Modulen zu suchen. Dies ist ohne Weiteres mit RDoc und seinen HTML-Dateien nicht möglich.

5 | **Welche Klasse bzw. welches Modul beinhaltet die Methode `inject`? Verwenden Sie ri zur Lösung dieses Problems.**

Mithilfe des Befehls `ri` suchen wir nach dem Befehl `inject`:

```
ri inject
```

Damit erhalten Sie eine Übersicht über die Methode `inject`. Oben rechts in der Ecke erhalten Sie die Information, dass diese Methode zum Modul Enumerable gehört.

6 | **Wie können Sie am sorgenfreisten ein Ruby-Programm installieren? Erstellen Sie ein Beispiel anhand des Programms rails.**

Rubygems ist der offizielle Paketmanager und damit die beliebteste Methode, Ruby-Software auf einem Computer zu installieren.

7 | **Um was für eine Bibliothek handelt es sich bei CodeRay? Nutzen Sie Rubygems zur Problemlösung.**

Sie können mit dem folgenden Befehl nach dem entsprechenden Paket suchen:

```
gem search −remote coderay
```

Gleichzeitig erhalten Sie unter den Treffern eine Beschreibung zu dem Paket. Die Antwort lautet:

```
CodeRay is a fast syntax highlighting engine for many languages.
```

Ü9 Übungen zu Kapitel L9

1   Welche Bibliothek des Webframeworks Ruby on Rails ist für die Modellierung und den Zugriff auf das Datenbank-Backend zuständig?

Hierbei handelt es sich um ActiveRecord. Diese Bibliothek bietet die Möglichkeit eines Datenbankzugriffs ganz ohne SQL.

2   Wenn Sie einen kleinen Webserver für eines Ihrer Ruby-Programme verwenden müssen, auf welchen würden Sie zuerst zurückgreifen, da seine Anwendung unter Ruby trivial ist?

Ich hoffe, Sie würden Webrick verwenden. Im Gegensatz zu Apache oder dem IIS ist dieser nämlich ohne eine Extrainstallation verfügbar und bietet Ihnen die Möglichkeit einer vollen Konfiguration von Ruby aus.

3   Wenn ich eine Datei auf einen anderen Rechner übertragen wollte, welches Netzwerkprotokoll würden Sie mir empfehlen?

Sofern Sie nicht vorhaben, mich zu ärgern, würden Sie mir das File Transfer Protocol (FTP) ans Herz legen, da dieses für die Übertragung von Dateien von einem Rechner zu einem anderen konzipiert wurde.

4   Mit welcher Methode ist der Upload einer einfachen Textdatei auf einen FTP-Server möglich?

Mithilfe der Methode `puttextfile`, die vom FTP-Objekt zur Verfügung gestellt wird, haben Sie die Möglichkeit, eine bestimmte Textdatei an einen Server zu übertragen.

5 **Erstellen Sie eine Instanz des Webservers Webrick. Dabei soll dieser Server auf dem Port 6666 lauschen und das Hauptverzeichnis auf den Pfad */home/bovi/public* zeigen. Vergessen Sie dabei nicht, eine Methode zu implementieren, die den Webserver wieder beendet.**

```
01  require 'webrick'
02  include WEBrick
03
04  server = HTTPServer.new(:Port => 6666)
05  server.mount('/', HTTPServlet::FileHandler, '/home/bovi/
    public')
06
07  ['TERM', 'INT'].each do |signal|
08    trap(signal){ server.shutdown }
09  end
10
11  server.start
```

Ü10 Übungen zu Kapitel L10

1 **Wozu dienen Datenbanken? Können wir unsere Informationen nicht auch alle in reinen Textdateien speichern?**

Grundsätzlich lassen sich natürlich alle Informationen, die in einer Datenbank liegen, auch in einer Textdatei verpacken. Jedoch bietet eine Datenbank standardmäßig eine Fülle von Funktionen, die für Textdateien mühsam implementiert werden müssten und hierbei wahrscheinlich nie die gleiche Verarbeitungsgeschwindigkeit erreichen könnten. Datenbanken dienen also dazu, Daten mit einer gewissen Struktur effizient zu speichern, zu bearbeiten und in ihnen zu suchen.

2 **Welche beiden großen Datenbankarten gibt es im wirtschaftlichen Sinne? Nennen Sie jeweils ein Exemplar.**

Wie in anderen Softwarebereichen gibt es auch bei den Datenbanken die Unterscheidung zwischen Software, die im Quelltext verfügbar ist, und der, die es nicht ist. Dabei sollte jedoch beachtet werden, dass auch Datenbanksysteme, deren Quelltext offen ist, von Firmen entwickelt und vertrieben werden können. SQLite wäre ein Beispiel für ein freies Datenbanksystem, Oracle dagegen ein Beispiel für eine Datenbanksoftware, deren Quelltext nicht vollständig frei ist.

3 **Schreiben Sie ein Programm, das mit einer datenbankneutralen Bibliothek eine Verbindung zu einem MySQL Server mit dem Namen *myServer* aufnimmt. Datenbankname ist *Datenbank*, Benutzername ist *Benutzer* und Kennwort ist *Kennwort*. Dort lesen Sie die Tabelle adressbook aus. Diese besitzt die zwei Spalten Name und Telefon. Geben Sie für jeden Eintrag eine Textzeile aus, in der diese beiden Informationen auftauen.**

Sollten Sie sich dafür entschieden haben, dbi zu verwenden, so würde Ihr Skript in etwa so aussehen:

```
01   require "dbi"
02
03   db = DBI.connect("DBI:Mysql:Datenbank:myServer", "Benutzer",
     "Kennwort")
04   result = dbh.execute("SELECT * FROM adressbook")
05
06   result.fetch_hash do |row|
07     puts "Die Telefonnummer von #{row["Name"]} ist
     #{row["Telefon"]}"
08   end
09
10   result.finish
11   db.disconnect
```

Sollten Sie stattdessen ActiveRecord verwendet haben, sieht Ihr Beispiel so aus

```
01   require 'active_record'
02
03   ActiveRecord::Base.establish_connection(
04     :adapter => "mysql",
05     :username => "Benutzer",
06     :password => "Kennwort",
07     :database => "Datenbank",
08     :host => "myServer")
09
10
11   class Adressbook < ActiveRecord::Base
12     set_table_name "adressbook"
13   end
14
15   Adressbook.find(:all).each do |row|
16     puts "Die Telefonnummer von #{row.Name} ist #{row.Telefon}"
17   end
```

4 **Für welche Datenbank gibt es bereits die Möglichkeit, eine Stored Procedure in Ruby zu formulieren?**

PostgreSQL bietet die Möglichkeit, über PL/Ruby direkt für gespeicherte Prozeduren auf dem Datenbankserver die Programmiersprache Ruby zu verwenden.

5 **Welchen Nachteil bietet SQLite durch seine Embedded-Struktur? Was bedeutet es überhaupt, dass SQLite eine embedded Datenbank ist?**

Da SQLite selbst nur als Bibliothek verfügbar ist und den Zugriff auf Datenbankressourcen in seinen Dateien nur schwer beschränken kann, gibt es große Einschränkungen bei der Nutzung einer SQLite-Datenbank durch mehrere Applikationen bzw. Prozesse. Die Tatsache, dass es sich bei dieser Datenbank um ein embedded System handelt, bringt jedoch den Vorteil, dass sie sich leicht in andere Programme eingliedern lassen kann. Somit sind die Datenbankfunktionen in andere Programme eingebettet (embedded).

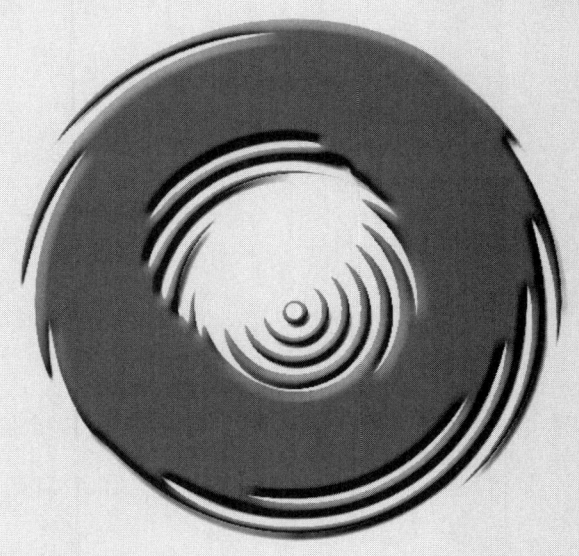

Teil III: Anwenden

A1 Anwenden

Im letzten großen Abschnitt dieses Buches wollen wir nun mithilfe des Gelernten ein größeres Programm schreiben. Dabei geht es in erster Linie um die Anwendung und Kombination der unterschiedlichsten Fähigkeiten von Ruby.

Unser Ziel

Wenn Sie jetzt ein formvollendetes Pflichtenheft erwartet haben, muss ich Sie leider enttäuschen. Ich hatte erstens keine Lust, eines zu schreiben, und zweitens denke ich persönlich, dass Software viel zu flexibel und komplex ist, als dass es sich lohnen würde, bestimmte Spezifikationen in einem Extradokument festzuhalten. Was nützen schon veraltete Informationen? Aufgrund dessen nenne ich Ihnen einfach ein paar Punkte und erzähle Ihnen kurz, was ich mir dabei gedacht habe.

- Anwender hat viele Fotos
- Anwender muss diesen Fotos jeweils Beschreibungen hinzufügen
- Anwender muss seine Bilder und die eingegebenen Beschriftungen für einen Datenaustausch in ein standardisiertes Format exportieren
- Entwickler muss Ruby verwenden

Das war dann auch schon alles. Wir haben also einen Benutzer, der eine beliebige Anzahl von Fotos gerne mit einer Beschreibung ausstatten würde. Diese beiden Informationen sollen dann im Anschluss in ein Datenformat exportiert werden, das dem Austausch dient. Der letzte Punkt, der aussagt, dass wir Ruby verwenden müssen, ist aus Gründen der Sinnhaftigkeit aufgestellt worden. Es würde uns in einem Ruby-Buch nicht viel nützen, wenn wir ein Problem in Java lösen. Natürlich müsste ich an dieser Stelle aus werbe- und marketingtechnischen Gründen behaupten, dass jedes und auch wirklich alles, was es an Problemen gibt, mit Ruby am besten zu lösen ist. Nur, diese Aussage wäre weit von der Wahrheit entfernt.

Denken Sie bitte daran, dass Sie zuerst das Problem formulieren sollten und erst nach Analyse des Problems eine geeignete Implementierungstechnik auswählen können. Ein vorgegebener Zwang von bestimmten Technologien macht eventuell im Einzelfall Sinn, ist beim Großteil aller Projekte jedoch produktivitätshemmend.

A2 Die Implementierung

Lösungsansatz

Anhand der genannten Anforderungen habe ich mich dafür entschieden, dass wir eine Desktop-Applikation erstellen. Es ist heutzutage aufgrund des Web-2.0-Hypes auch denkbar, das Ganze in Form einer Webapplikation zu realisieren. Ruby hätte hierfür u.a. das Webframework *Ruby On Rails* bereitgestellt. Da es bei solchen Frameworks jedoch einen sehr hohen Einarbeitungsaufwand gibt, der für Sie im schlimmsten Fall überhaupt nicht interessant ist, weil Sie z.B. im Anschluss an dieses Buch nie wieder mit dem Framework arbeiten, habe ich mir gedacht, wir verzichten auf die Nutzung einer solchen Umgebung. Sollten Sie jedoch irgendwann das berufliche oder private Ziel haben, eine neue Applikation zu erstellen, so empfiehlt sich die Nutzung eines solchen Frameworks, da Ihnen hierdurch Standardaufgaben abgenommen werden. Im Webbereich würde es hierfür wie bereits erwähnt u.a. Ruby On Rails geben (*http://www.rubyonrails.org/*). Sollten Sie daran interessiert sein, eine komplexere Desktop-Applikation zu erstellen, so lohnt sich eventuell der zukünftige Blick auf *BlindOptic* (*http://boptic.rubyforge.org/*).

Eine Desktop-Applikation zeichnet sich oft durch eine grafische Benutzerschnittstelle aus. Da die Realisierung einer solchen eine häufig durchgeführte Tätigkeit ist, gibt es bereits eine Vielzahl von Bibliotheken, die Sie dabei unterstützen, grafische Oberflächen zu erstellen. Es existieren u.a. Ruby-Bibliotheken für Tk, Fox (*http://www.fxruby.org/*), GTK+ (*http://ruby-gnome2.sourceforge.jp/*), wxWidgets (*http://wxruby.rubyforge.org/wiki/wiki.pl*) und QtRuby (*http://developer.kde.org/language-bindings/ruby/index.html*). Die Auswahl könnte also kaum schwererfallen. Da jede dieser Bibliotheken ihre Vor- und Nachteile besitzt, scheint es sogar beinahe unmöglich, eine

Tcl/Tk als GUI-Bibliothek

optimale Lösung zu finden. Und aufgrund dessen verwende ich hier, auf die Gefahr hin, dass es für unser Problem eine bessere Bibliothek gibt, einfach die *Tk*-Bibliothek. Meine Entscheidung basiert darauf, dass diese Bibliothek die älteste und stabilste ist. Weiterhin wird sie standardmäßig mit einer Ruby-Installation ausgeliefert. Führen Sie zum Testen den folgenden Code aus:

```
01    require 'tk'
02
03    Tk.mainloop
```

Sollten Sie nun ein kleines leeres Fenster sehen, dann ist alles okay. Sollte es wider Erwarten Probleme geben, so besteht die Möglichkeit, dass die ebenfalls notwendige *Tcl*-Bibliothek nicht standardmäßig auf Ihrem System vorhanden ist. Unter Windows können Sie diese jedoch mithilfe von *ActiveTcl* (*http:// www.activestate.com/products/ActiveTcl/*) nachinstallieren.

Bei Tk handelt es sich um ein Urgestein der GUI-Bibliotheken. So existieren eine Vielzahl von grafischen Elementen (im weiteren *Widgets* genannt), von denen wir nur einen winzigen Bruchteil für unsere Aufgabe benötigen. Leider gibt es bis zum heutigen Tage noch keine umfassende Referenz zum Thema Tk und Ruby. Da es jedoch eine nahezu identische Implementierung für Perl gibt, die im Gegensatz dazu sehr gut dokumentiert ist, können Sie die entsprechende Dokumentation für Perl/Tk verwenden.

Tk stellt, ähnlich wie viele andere GUI-Bibliotheken, eine sehr große Anzahl von Widgets bereit. Diese gilt es, innerhalb einer Applikation zu instanzieren. Jedes Widget ist hierbei eine Ruby-Klasse. Beim Erstellen können Sie nun bestimmte Eigenschaften der Widgets konfigurieren. So lässt sich beispielsweise die Größe, Position und Beschriftung eines Buttons wie folgt konfigurieren:

```
01    button = TkButton.new('height' => 2, 'width' => 10) do
02        text "Speichern"
03        place 'x' => 10, 'y' => 10
04    end
```

In Zeile 1 erstellen Sie mithilfe der Widget-Klasse TkButton eine Schaltfläche. Dieser übergeben Sie die zukünftige Höhe und Breite mithilfe der Übergabeparameter height und width. Weiterhin erhält der Konstruktor einen Block, in dem Sie die Beschriftung des Buttons in Zeile 2 setzen. In Zeile 3 verwenden Sie die Methode place, um das Objekt zu positionieren. Bei dieser Methode handelt es sich um nur eine mögliche Variante, ein Widget in Tk zu positionieren. Und zwar können Sie mit place ein Objekt pixelgenau ausrichten. Im Gegensatz dazu existiert u.a. auch die Methode pack, die es ermöglicht, die Position von Objekten in einer Tk-Applikation auch relativ anzugeben. So könnte man z.B. sagen, der Button soll auf der rechten Seite der Applikation sein. Um alles Weitere kümmert sich dann die Tk-Bibliothek. In unseren Beispielen verwenden wir ausschließlich die place-Methode. Damit können wir in kürzester Zeit ein nutzbares Programm realisieren. Wenn Sie später benutzerfreundlichere Programme erstellen wollen, die sich auch vergrößern und verkleinern lassen, können Sie sich die Methode pack ein wenig genauer anschauen.

Ein weiterer wichtiger Punkt ist die Ereignisbehandlung. Wie jede GUI-Bibliothek können Sie auch mit Tk auf Events reagieren, so z.B. wenn eine Schaltfläche gedrückt wird:

```
01    button = TkButton.new('height' => 2, 'width' => 10) do
02        text "Speichern"
03        place 'x' => 10, 'y' => 10
04    end
05
06    button.bind('ButtonRelease-1') do
07        puts "Auf den Button wurde geklickt."
09    end
```

Damit wird auf der Kommandozeile die Zeichenkette Auf den Button wurde geklickt ausgegeben. Die Logik wird in Zeile 6 bis 9 definiert. Mithilfe der Methode `bind` können Sie an beinahe alle Widgets ein Event binden. Sie müssen jedoch den Namen kennen. So hat das Event zum Klicken auf einen Button den Namen `ButtonRelease-1`. Der Block dient der Event-Behandlung. Wenn also nun auf den Button geklickt wird, wird der übergebene Block ausgeführt. Dies ist ein weiteres schönes Beispiel für die Nützlichkeit von Codeblöcken.

HTML als Exportformat

Nachdem wir die Frage der GUI geklärt haben, müssen wir noch eine zweite technologische Entscheidung treffen. Und zwar ist eine weitere Aufgabe der Export von Bilddatei und Bildinformation in ein standardisiertes Austauschformat. Auch für diesen Punkt gibt es eine Vielzahl an Möglichkeiten, über die man sich Gedanken machen kann. Ich bin dabei zum Schluss gekommen, dass wir die *Hypertext Markup Language* (*HTML*) verwenden. Bei dieser handelt es sich um das Standardformat der meisten Webseiten im Internet. Für das Format sprechen die folgenden Punkte:

- freizugängliche Spezifikation

- menschenlesbar

- portabel und ohne spezielle Software nutzbar

- weit verbreitet

HTML ist eine Auszeichnungssprache, die für die Darstellung und Verknüpfung von Informationen erschaffen wurde. Sie lässt sich im Klartext lesen und ein Beispieldokument könnte wie folgt aussehen:

```
01  <html>
02    <head>
03      <title>Ein Titel für diese HTML-Datei</title>
04    </head>
05    <body>
06      <a href="Datei.html">ein Verweis auf eine andere
      Datei</a>
07    </body>
08  </html>
```

Ein HTML-Dokument ist *Tag*-basierend. Dies bedeutet, dass die Auszeichnung von Informationen durch Begrenzer (Tags) definiert wird. Dadurch erhalten diese eine besondere Bedeutung. Ein solcher Tag ist in spitze Klammern eingehüllt, so sehen Sie in Zeile 1 den Tag `<html>`. Dies ist der Einstiegspunkt eines jeden HTML-Dokuments. Ein solcher Begrenzer besitzt meist einen dazugehörigen zweiten Tag. Dieser schließende Tag wird ebenfalls mit spitzen Klammern umhüllt, diesmal befindet sich jedoch vor dem eigentlichen Schlüsselwort ein *Slash*. Damit wird angedeutet, dass es sich um den schließenden Begrenzer handelt. In Zeile 8 finden Sie den schließenden Tag `</html>`.

Wie Sie weiterhin sehen, befinden sich zwischen diesen Begrenzern ebenfalls wieder Tags. So gibt es von Zeile 2 bis 4 und 5 bis 7 zwei weitere Tag-Bereiche: zum einen das `<head>`-Element, das den Kopf des Dokuments darstellt, zum anderen den `<body>`-Tag. Dieser zweite Tag enthält den hauptsächlichen Teil eines HTML-Dokuments. So erstreckt sich über Zeile 6 ein Link. Dieser wird mit dem Tag `<a>` begonnen. Diesmal enthält dieser jedoch noch ein Attribut namens `href`. Einem solchen Attribut kann ein bestimmter Wert zugewiesen werden. Damit können weitere Parametrierungen des Tags vorgenommen werden. Im Falle von `href` wurde der Wert »`Datei.html`« zugewiesen. Dazu müssen Sie wissen, dass ein HTML-Link auf andere Dokumente zeigen kann. Mithilfe des Attributs kann dieses Zieldokument definiert werden. Wir haben also einen Link, von dem das Ziel die Datei *Datei.html* ist. Auf den öffnenden `<a>`-Tag folgt nun ein kurzer Text, "`ein Verweis auf eine andere Datei`", und anschließend das schließende `</a>`. Damit wurde dem Link nun ein zusätzlicher Text zugeordnet.

Wenn Sie sich dieses Dokument in Ihrem Browser (Internet Explorer, Firefox oder Safari) anschauen, werden Sie einen unterstrichenen, meist auch blau gefärbten Text sehen. Dies ist Ihr Link. Sie haben nun die Möglichkeit auf diesen zu klicken und so zum nächsten Dokument zu springen. Sollte das Dokument nicht existieren, werden Sie eine Fehlermeldung erhalten. Dies soll für den ersten Einstieg in HTML reichen.

> Wenn Sie sich tiefergehend mit HTML beschäftigen wollen, so empfehle ich Ihnen als Einstieg und Referenz die Internetseite Selfhtml (*http://de.selfhtml.org*).

Arbeits-
schritte

Nachdem wir nun ein Grundwissen über die eingesetzten Technologien besitzen, stellen wir die Arbeitsschritte zum Erstellen unserer Applikation zusammen:

1 Erstellung einer TK-basierten Anwendung

2 Auflistung von Bildern

3 Hinzufügen von Bildern

4 Vorschau eines Bildes

5 Weitere Informationen sind zu einem Bild editierbar

6 Exportfunktion, die aus den Bildern und Informationen HTML-Seiten erstellt

So viel zum Thema Lösungsansatz. Jetzt können wir nur noch hoffen, dass wir die wichtigsten Punkte gefunden und in unsere Betrachtung mit einbezogen haben. Im nächsten Teil geht es darum, das Programm zu erstellen.

A3 Struktur und erste Formatierung der Oberfläche

Bevor wir die erste Zeile Code schreiben, sollten Sie sich noch eine freie Stelle auf Ihrer Festplatte aussuchen. Dort erstellen Sie einfach einen Ordner, den Sie mit einer sprechenden Bezeichnung versehen. Dadurch wissen Sie auch noch in ferner Zukunft, um welchen Quelltext es sich handelt.

Grundgerüst

Unsere erste Datei heißt passenderweise `start.rb`. Diese Datei legen wir an und fügen den folgenden Quelltext hinzu:

```
01    require 'tk'
02
03    class RubyPhoto
04      def run
05        @photo_window.mainloop
06      end
07
08      private
09
10      def initialize
11        @photo_window = TkRoot.new(:title => 'rPhoto',
12          'height' => 300, 'width' => 570)
13      end
12    end
14
15    ruby_photo = RubyPhoto.new
16    ruby_photo.run
```

Ergibt bei der Ausführung:

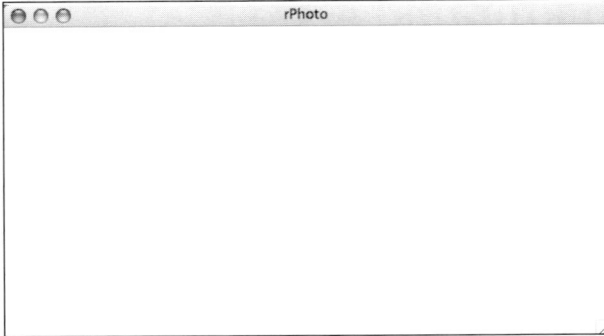

Abb. A3.1: Grundgerüst von rPhoto

Damit haben wir das Grundgerüst unserer Applikation erstellt. Wir haben die GUI-Bibliothek Tk eingebunden und mit ihrer Hilfe ein Fenster erstellt.

■ In Zeile 1 benutzen wir den `require`-Befehl, um eine Zusatzbibliothek von Ruby einzubinden. Diese Zusatzbibliothek wird standardmäßig mit Ruby ausgeliefert.

■ Von Zeile 3 bis 12 erstellen wir eine Applikationsklasse. Dies tun wir, um die einzelnen Funktionalitäten unseres Programms besser abzukapseln.

■ Der Konstruktor `initialize` in Zeile 10 erstellt eine Objektvariable mit dem Namen `@photo_window`. Dieser weisen wir ein `TkRoot`-Widget hinzu. Bei diesem handelt es sich um das Basisfenster unserer Applikation. Die Übergabeparameter sorgen dafür, dass unser Programm einen Titel mit dem Namen `rPhoto` und eine Dimensionierung von 300 x 570 Pixeln besitzt.

■ In Zeile 15 und 16 wird eine Instanz des Programms erzeugt und ausgeführt.

Um sämtliche Funktionen unserer Applikation mit Tk bereitzustellen, benötigen wir nun eine Liste, in der wir alle vorhandenen Bilder auflisten. Wir brauchen einen Bereich, in dem wir das Bild mittels einer Vorschau anzeigen. Eine Textbox wird für die Beschriftung benötigt und dann wären zwei Buttons noch ganz nützlich. Der eine wird neue Bilder mittels eines Dateidialogs unserer Liste hinzuzufügen, der andere startet dann den Export.

Umstrukturierung

Da wir bereits jetzt wissen, dass wir eine Handvoll an Widgets benötigen, macht es Sinn, sich über eine zukünftige Strukturierung Gedanken zu machen. Dies sorgt dafür, dass wir später schneller auf die entsprechenden Teile der Applikation zugreifen können. Eine Standardkonvention ist es, einen Ordner mit dem Namen lib dafür anzulegen. In diesen lagern wir sämtliche Widgets in separate Dateien aus. Tun wir dies doch gleich einmal für unser TkRoot-Widget. Die neue Datei im Ordner lib nennen wir window.rb. Und der Inhalt sieht so aus:

```
01   #das Hauptfenster
02   class RubyPhotoWindow
03     def self.new
04       TkRoot.new(:title => 'rPhoto', 'height' => 300,
     'width' => 570)
05     end
06   end
```

Wir haben nun eine eigene Klasse für unser Root-Widget erstellt. Von dieser haben wir die Klassenmethode new überschrieben. Dadurch erreichen wir, dass wir beim Instanzieren keine Instanz von RubyPhotoWindow erhalten, sondern unser TkRoot-Element. Sie erinnern sich daran, dass immer das letzte Element einer Methode zurückgegeben wird, in diesem Fall die Instanz von TkRoot.new in Zeile 4.

Nachdem wir diese Datei erstellt haben, können wir unsere start.rb ein wenig ausmisten:

```
01   require 'tk'
02   require 'lib/window'
03
04   class RubyPhoto
```

```
05    def run
06      @photo_window.mainloop
07    end
08
09    private
10
11    def initialize
12      @photo_window = RubyPhotoWindow.new
13    end
14  end
15
16  ruby_photo = RubyPhoto.new
17  ruby_photo.run
```

In Zeile 12 haben wir nun die direkte Instanzierung von TkRoot entfernt und durch unsere neue Klasse ausgewechselt. Damit der Zugriff auf diese Klasse funktioniert, müssen wir jedoch in Zeile 2 die neue Datei einbinden.

Die nächste Aufräumaktion betrifft unsere Klasse RubyPhoto. Für diese erstellen wir im Ordner lib eine Datei mit dem Namen rphoto.rb. In diese verschieben wir einfach den Klassenrumpf und die require-Befehle:

```
01  require 'tk'
02  require 'lib/window'
03
04  class RubyPhoto
05    def run
06      @photo_window.mainloop
07    end
08
09    private
10
11    def initialize
12      @photo_window = RubyPhotoWindow.new
13    end
14  end
```

Überraschend könnte an dieser Stelle für Sie sein, dass, obwohl die Datei rphoto.rb im Ordner lib liegt, sie trotzdem beim require-Befehl in Zeile 2 diesen Ordner mit angibt. Dies liegt daran, dass der `require`-Befehl u.a. abhängig von der Startdatei aus sucht. Solange unsere `start.rb`-Datei im Basisverzeichnis liegt und wir unsere Applikation darüber starten, wird dieses Konstrukt so funktionieren. Sollte sich dies irgendwann ändern, müssen Sie die entsprechenden Suchpfade von Ruby anpassen. Wo wir gerade bei der Datei `start.rb` sind, wie sieht diese jetzt eigentlich aus?

```
01   require 'lib/rphoto'
02
03   ruby_photo = RubyPhoto.new
04   ruby_photo.run
```

Verzeichnisstruktur

Sie bindet jetzt also nur noch die entsprechende rPhoto-Bibliothek ein und führt anschließend das Programm aus. So etwas würde man sich auch unter dem Namen `start.rb` vorstellen. Schauen wir an dieser Stelle kurz auf unsere jetzige Verzeichnisstruktur:

Abb. A3.2:
Verzeichnisstruktur des Programms

Nun fügen wir das nächste Widget hinzu, und zwar unsere Fotoliste. Das passende Tk-Element nennt sich `TkListbox`. Für dieses erzeugen wir eine neue Datei im Ordner `lib` mit dem Namen `list.rb`. Der Inhalt ist der folgende:

```
01   #eine Listbox, welche die Fotos enthält
02   class RubyPhotoList
03     def self.new
04       TkListbox.new('height' => 16, 'width' => 22) do
05         selectmode 'single'
06         place 'x' => 21, 'y' => 5
```

```
07        end
08     end
09  end
```

Damit haben wir schon mal eine Definition. Das Einbinden geschieht nun ähnlich wie mit dem Root-Element, wir erweitern dazu die Methode `initialize` in der Datei `lib/rphoto.rb`:

```
01  def initialize
02     @photo_window = RubyPhotoWindow.new
03     photo_list = RubyPhotoList.new
04  end
```

Nach der Ausführung erhalten wir den folgenden Fehler. Was denken Sie, warum?

```
NameError: uninitialized constant RubyPhoto::RubyPhotoList
```

Es liegt an der `require`-Anweisung. Und zwar haben wir keine erstellt. Ruby kennt die Klasse `RubyPhotoList` noch nicht, weil die Datei nicht eingebunden wurde. Fügen Sie deshalb nun am Kopf der Datei `lib/rphoto.rb` die folgende `require`-Anweisung ein:

```
01  require 'lib/list'
```

Anschließend sollte unsere Applikation starten und so aussehen:

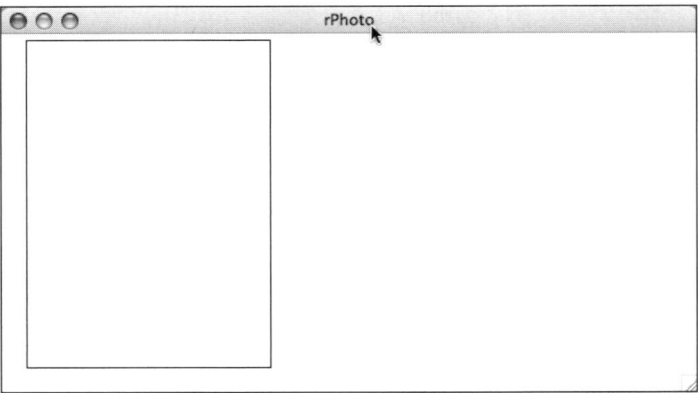

Abb. A3.3:   rPhoto mit leerer Fotoliste

Schaltflächen

Nun wenden wir uns unseren zwei Schaltflächen zu. Dazu erstellen wir die Datei button.rb im Verzeichnis lib mit dem Inhalt:

```
01    #ein Button, auf den man drücken kann. Wow..
02    class RubyPhotoButton
03      def self.new
04        param = {:title => nil, :x => nil, :y => nil}
05
06        yield param
07
08        #Button, um neue Bilder hinzuzufügen
09        TkButton.new('height' => 2, 'width' => 10) do
10          text param[:title]
11          place 'x' => param[:x], 'y' => param[:y]
12        end
13      end
14    end
```

Dieser Code sieht nun schon ein wenig komplexer aus. Dies hat den Grund, dass wir unsere Buttons auf mehrere Arten verwenden wollen, mit unterschiedlicher Beschriftung und anderen Koordinaten.

■ In unserer Klasse RubyPhotoButton besitzen wir die Klassenmethode new. Diese definiert in Zeile 4 einen Hash. Dieser dient eigentlich nur dem groben Verständnis für den Entwickler. Es wäre möglich, den Hash ohne Inhalt zu definieren. Das Programm sollte trotzdem laufen. Jedoch zeigen wir damit zukünftigen Entwicklern, welche Parameter für diese Methode verwendet werden können. Da wir die einzelnen Positionen im Hash mit nil vorbelegen, bekommen wir später auch keine Probleme mit falsch initialisierten Werten.

■ In Zeile 6 rufen wir den Codeblock der Methode new auf. Diesem übergeben wir unseren Parameter-Hash. Damit besitzt jeder, der unsere Klasse verwendet, die Möglichkeit, die Parameter der Klasse elegant in einen Codeblock zu setzen.

■ Beendet wird die Methode mit der Erzeugung eines Button-Widgets in Zeile 9 bis 11. Hier verwenden wir die Parameter, die wir über den Codeblock erhalten haben, um die Beschriftung und Position des Buttons zu setzen. Wir hätten auch die Breite und Höhe eines Buttons parametrierbar machen können, jedoch trägt es zur Ästhetik einer GUI bei, wenn ähnliche Komponenten auch ähnliche Dimensionierungen besitzen.

Wir verwenden diese Klasse nun in der Datei lib/rphoto.rb. Ändern Sie die Methode initialize nun wie folgt:

```
01   def initialize
02     @photo_window = RubyPhotoWindow.new
03     photo_list = RubyPhotoList.new
04
05     add_button = RubyPhotoButton.new do |button|
06       button[:title] = 'neues Bild'
07       button[:x] = 230
08       button[:y] = 250
09     end
10
11     export_button = RubyPhotoButton.new do |button|
12       button[:title] = 'HTML export'
13       button[:x] = 340
14       button[:y] = 250
15     end
16   end
```

Es sollte nicht schwerfallen, zu sehen, dass wir zwei Instanzen des Buttons erstellen: einmal in Zeile 5 bis 9 die Schaltfläche zum Hinzufügen von Bildern und in Zeile 11 bis 15 den Knopf zum Exportieren von Bildern. Hier sehen wir auch, wozu wir den Parameter-Hash an den Block übergeben haben. Damit können wir vom Codeblock aus auf die Parameter zugreifen und diese setzen. Das hätte man natürlich auch mithilfe von Übergabeparametern machen können, jedoch wirkt sich eine solch lange Codezeile dann meistens nicht besonders gut auf die Lesbarkeit aus. Bevor wir es vergessen, fügen wir nun noch die require-Anweisung für die Button-Klasse hinzu:

```
01   require 'lib/button'
```

Diese gehört direkt unter die require-Anweisung der Liste. Beim Ausführen erblicken wir nun die folgende Applikation:

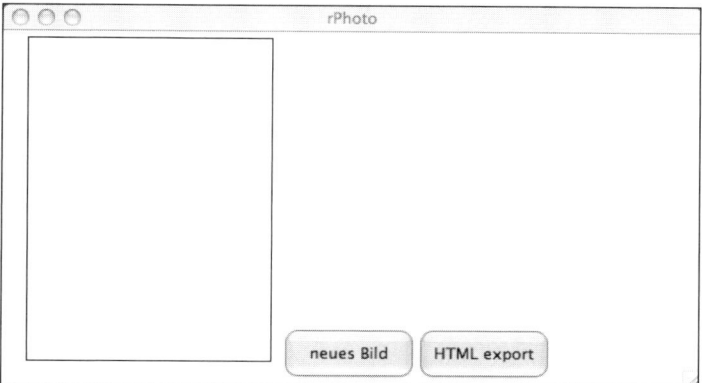

Abb. A3.4:   rPhoto mit Schaltflächen

Textbox

Damit hätten wir nun unsere Liste und die zwei Schaltflächen. Es fehlt noch die Bildvorschau und die Textbox. Fangen wir mit der Textbox an. Wir erstellen eine Datei mit dem Namen textbox.rb. Und wie Sie bereits wissen, gehört diese Datei in das Verzeichnis lib. Den folgenden Inhalt besitzt diese Datei:

```
01   #Textbox, welche die Informationen zu einem Bild
     enthält
02   class RubyPhotoTextbox
03     def self.new
04       TkText.new('height' => 7, 'width' => 45) do
05         place 'x' => 230, 'y' => 155
06       end
07     end
08   end
```

Für dieses Steuerelement benötigen wir das Widget TkText. Dieses positionieren wir direkt über den Schaltflächen mithilfe der Koordinaten x230 und y155. Wir fügen diese Textbox in unserer initialize-Methode in der Datei rphoto.rb ein.

```
01   def initialize
02     @photo_window = RubyPhotoWindow.new
03     photo_list = RubyPhotoList.new
04
05     add_button = RubyPhotoButton.new do |button|
06       button[:title] = 'neues Bild'
07       button[:x] = 230
08       button[:y] = 250
09     end
10
11     export_button = RubyPhotoButton.new do |button|
12       button[:title] = 'HTML export'
13       button[:x] = 340
14       button[:y] = 250
15     end
16
17     photo_text = RubyPhotoTextbox.new
18   end
```

In Zeile 17 haben wir mit der neuen Klasse eine Textbox erstellt. Nun fügen wir noch den require-Befehl der Textbox hinter dem require des Buttons hinzu:

```
01   require 'lib/textbox'
```

Bildvorschau

Damit haben wir nun auch unsere Textbox. Bevor wir uns die Applikation schlussendlich noch einmal anschauen, fügen wir jedoch erst einmal das Bildvorschauelement hinzu. Diese Klasse definieren wir in der Datei lib/preview.rb. Da es kein Standard-Vorschauelement gibt, müssen wir uns ein solches bauen. Dies können wir mithilfe der zwei Klassen TkLabel und TkPhotoImage. Der Inhalt der Vorschau-Klasse sieht so aus:

```
01   #ein Label, in welchem die Fotos gerendert werden, um
     eine Vorschau zu erstellen
02   class RubyPhotoPreview
03     def self.new
04       photo_viewer = TkPhotoImage.new
05       TkLabel.new('height' => 147, 'width' => 300) do
06         image photo_viewer
07         place 'x' => 235, 'y' => 10
08       end
09
10       photo_viewer
11     end
12   end
```

In Zeile 4 definieren wir unser Fotoobjekt. Dieses wird später
die Bilddateien enthalten. Da wir ein solches jedoch nicht auf
einer Oberfläche direkt positionieren können, verwenden wir die
Klasse TkLabel, die einen Bereich auf der Anwendung einnimmt. In der Konfiguration dieses Labels sehen Sie in Zeile 6
die Zuweisung einer Bilddatei an das Label. Damit wird innerhalb dieses Objekts der Inhalt des Fotoobjekts angezeigt. In
Zeile 10 geben wir schließlich das Fotoelement zurück. Wir binden es wie immer in der Methode initialize in der Datei lib/
rphoto.rb ein:

```
01   def initialize
02     @photo_window = RubyPhotoWindow.new
03     photo_list = RubyPhotoList.new
04
05     add_button = RubyPhotoButton.new do |button|
06       button[:title] = 'neues Bild'
07       button[:x] = 230
08       button[:y] = 250
09     end
10
11     export_button = RubyPhotoButton.new do |button|
12       button[:title] = 'HTML export'
13       button[:x] = 340
14       button[:y] = 250
15     end
```

```
16
17    photo_viewer = RubyPhotoPreview.new
18    photo_text = RubyPhotoTextbox.new
19    end
```

In Zeile 17 haben wir das Vorschauobjekt positioniert. Unter den require-Befehl der Textbox kommt dann nun noch der require-Befehl:

```
01    require 'lib/preview'
```

Überblick Wenn wir nun die Anwendung starten, erhalten wir die folgende Ansicht:

Abb. A3.5:   rPhoto mit Textbox

Unsere Verzeichnisstruktur sieht in etwa so aus:

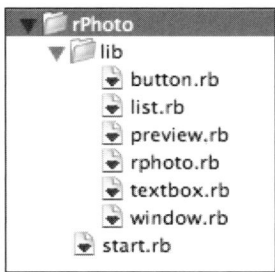

Abb. A3.6:   Verzeichnisstruktur mit den Basiskomponenten

Damit hätten wir alle wichtigen Komponenten auf unserer Oberfläche positioniert. Bevor wir nun anfangen, richtige Funktionalität zu entwickeln, sollten wir noch ein bisschen aufräumen bzw. Vorarbeit leisten. Dies tun wir, indem wir das Instanzieren der einzelnen Objekte teilweise in eigene Methoden auslagern. Im Moment wird es für Sie so aussehen, als wäre dies unnütze Mehrarbeit. Jedoch werden wir bei den nächsten Schritten stark davon profitieren. Denn so bleiben unsere Methoden klein und übersichtlich. Das alles hilft bei der Fehlersuche und bei zukünftigen Erweiterungen. Alle diese Anpassungen finden ausschließlich in der Datei lib/rphoto.rb statt.

Fangen wir mit den Schaltflächen an. Jede bekommt jeweils eine eigene Methode:

```
01   #erstellt Button, um neue Bilder hinzuzufügen
02   def create_add_button
03     add_button = RubyPhotoButton.new do |button|
04       button[:title] = 'neues Bild'
05       button[:x] = 230
06       button[:y] = 250
07     end
08   end
09
10   #erstellt Button, um HTML-Export durchzuführen
11   def create_export_button
12     export_button = RubyPhotoButton.new do |button|
13       button[:title] = 'HTML export'
14       button[:x] = 340
15       button[:y] = 250
16     end
17   end
```

Anschließend können Sie innerhalb der Methode initialize den folgenden Code

```
01   create_add_buttonadd_button = RubyPhotoButton.new do
     |button|
02     button[:title] = 'neues Bild'
03     button[:x] = 230
04     button[:y] = 250
```

```
05    end
06
07    export_button = RubyPhotoButton.new do |button|
08      button[:title] = 'HTML export'
09      button[:x] = 340
10      button[:y] = 250
11    end
```

durch diesen ersetzen:

```
01    create_add_button
02    create_export_button
```

Für die Fotoliste erstellen wir die folgende Methode:

```
01    #erstellt Fotoliste mit Scrollbars
02    def create_photo_list
03      #Fotoliste
04      photo_list = RubyPhotoList.new
05    end
```

Damit ändern wir in der initialize-Methode

```
01    photo_list = RubyPhotoList.new
```

zu:

```
01    photo_list = create_photo_list
```

Und eine letzte Methode gibt es noch für die Textbox:

```
01    #erstellt eine Textbox, die Informationen über das Bild
      anzeigt.
02    def create_photo_textbox
03      textbox = RubyPhotoTextbox.new
04    end
```

Anschließend ändern wir die Instanzierung der Textbox in der Methode initialize nach:

```
01    photo_text = create_photo_textbox
```

Am Ende sollten unsere lib/rphoto.rb-Datei nun ein wenig länger aussehen:

```
01    require 'tk'
02    require 'lib/window'
03    require 'lib/list'
04    require 'lib/button'
05    require 'lib/textbox'
06    require 'lib/preview'
07
08    class RubyPhoto
09      def run
10        @photo_window.mainloop
11      end
12
13      private
14
15      def initialize
16        @photo_window = RubyPhotoWindow.new
17        photo_list = create_photo_list
18
19        create_add_button
20        create_export_button
21
22        photo_viewer = RubyPhotoPreview.new
23        photo_text = create_photo_textbox
24      end
25
26      #erstellt button, um neue Bilder hinzuzufügen
27      def create_add_button
28        add_button = RubyPhotoButton.new do |button|
29          button[:title] = 'neues Bild'
30          button[:x] = 230
31          button[:y] = 250
32        end
33      end
34
35      #erstellt Button, um HTML-Export durchzuführen
36      def create_export_button
37        export_button = RubyPhotoButton.new do |button|
38          button[:title] = 'HTML export'
39          button[:x] = 340
40          button[:y] = 250
```

```
41        end
42    end
43
44    #erstellt Fotoliste mit Scrollbars
45    def create_photo_list
46      #Fotoliste
47      photo_list = RubyPhotoList.new
48    end
49
50    #erstellt eine Textbox, die Informationen über das
      Bild anzeigt.
51    def create_photo_textbox
52      textbox = RubyPhotoTextbox.new
53    end
54    end
```

Damit haben wir den ersten Teil unserer Applikation fertigge-
stellt. In der Tat ist die Positionierung von GUI-Steuerelementen
in Ruby eine heikle Angelegenheit. Es gibt leider standardmäßig kein Tool, das uns diese Arbeit abnimmt. Wenn Sie jedoch
ein wenig im Internet suchen, könnte es möglich sein, dass Sie
das eine oder andere Hilfsmittel von anderen Sprachen für
Ihren Zweck einsetzen können. Solange müssen wir leider
durch reines Probieren die Positionen eines Widgets auf der
Oberfläche bestimmen.

A4 Bilder hinzufügen und anzeigen

Die erste wirkliche Funktionalität soll nun das Anzeigen eines Bildes in der Vorschau sein. Weiterhin ist die Funktion angedacht, während der Laufzeit dynamisch neue Bilder hinzuzufügen. Damit Sie diese Dinge testen können, empfehle ich Ihnen, sich nun ein paar Fotos zu besorgen. Ich habe für meine Tests einfach ein paar Screenshots erstellt. Sie können natürlich auch Ihre Urlaubsbilder verwenden.

Wir haben bereits alle benötigten Elemente zur Verfügung. Beginnen wir damit, dass wir das Fotovorschauobjekt in der Methode `initialize` in eine Objektvariable verwandeln.

```
01    @photo_viewer = RubyPhotoPreview.new
```

Damit können wir nun auch aus anderen Methoden auf das Objekt zugreifen. Diesbezüglich erstellen wir nun eine Methode, die ein Foto in der Vorschau setzt:

```
01    #ändert das aktuelle Vorschaubild
02    def change_picture(param = {:to => nil})
03      photo = TkPhotoImage.new { file param[:to] }
04      scale = photo.height / 110
05      @photo_viewer.blank
06      @photo_viewer.copy photo, 'subsample' => [scale,
      scale]
07    end
```

Die Methode `change_picture` erhält einen Parameter als Hash. Diesen haben wir wieder zur besseren Lesbarkeit mit dem Standardindex vordefiniert. In Zeile 3 erstellen wir ein neues Fotoobjekt, das diesmal jedoch mit einer Datei geladen wird (`param[:to]` zeigt später auf den Namen der Datei). In Zeile 4 berechnen wir noch die Skalierung, in Zeile 5 leeren wir eventuell vorhandene Bilder im Vorschauobjekt und am Ende in Zeile 6 setzen wir das Bild mit der entsprechenden Skalierung. Nun

Schaltflächen Klick-Event

müssen wir diese Methode noch aufrufen. Dafür erstellen wir unser erstes Event in der Methode `create_add_button`:

```
01   #erstellt Button, um neue Bilder hinzuzufügen
02   def create_add_button
03     add_button = RubyPhotoButton.new do |button|
04       button[:title] = 'neues Bild'
05       button[:x] = 230
06       button[:y] = 250
07     end
08
09     #Event, das ein neues Bild hinzufügt
10     add_button.bind('ButtonRelease-1') do
11       change_picture :to => './bilder/iTunes.png'
12     end
13   end
```

In Zeile 10 bis 12 wird das Klick-Event auf einen Button definiert. Dieses »Draufdrücken« auf einen Button nennt sich in Tk `ButtonRelease-1`. Diesem Event geben wir einen Codeblock mit. In diesem rufen wir unsere Methode auf. In Zeile 11 sehen wir nun sehr schön, wozu man Hash-Parameter sehr gut nutzen kann. Es ist dadurch möglich, die Übergabeparameter optisch hervorzuheben. Mit diesem Aufruf wird die Datei `iTunes.png` im Ordner `bilder` in die Vorschau generiert. Sie müssen an ihrer Stelle natürlich dementsprechend ein Bild eintragen, das auf Ihrer Maschine vorhanden ist. Sie können dazu auch den vollständigen und nicht relativen Pfad verwenden.

Problem des Bildformats

Bevor wir das Programm nun ausführen, gibt es noch eine Sache zu beachten. Und zwar wird dieser Bildwechsel bei manchen Bildern funktionieren und bei anderen wiederum nicht. Dies liegt an den standardmäßig unterstützten Bildformaten von Tk. Wenn Sie ein Bild im Format GIF einbinden wollen, so wird dies problemlos funktionieren. Die Verwendung von JPEG oder PNG wird jedoch im Moment zu Fehlern führen. Um diese Fehler zu beseitigen, wechseln Sie bitte in die Datei `lib/preview.rb` und fügen die folgenden zwei `require`-Befehle am Anfang der Datei ein:

```
01    require "tkextlib/tkimg/png"
02    require "tkextlib/tkimg/jpeg"
```

Damit aktivieren Sie die Unterstützung der Bildformate PNG
und JPEG. Formate wie BMP oder TIFF können ebenfalls auf
diese Weise unterstützt werden.

Nun wollen wir aber unser Programm in Aktion sehen. Wir starten es also und klicken auf den Button *neues Bild*.

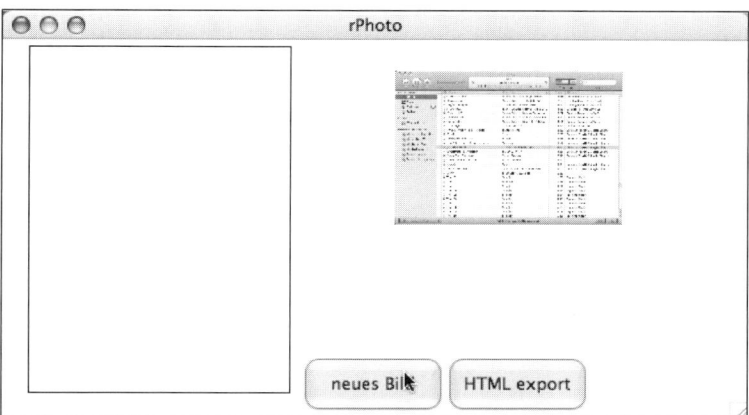

Abb. A4.1:   rPhoto mit Bildvorschau

Damit können wir unser Bild also schon mal anzeigen. Das ist   **Dateidialog**
doch was. Eine fixe Bildadresse macht jedoch nicht unbedingt
Sinn, also verwenden wir einen Dateidialog, um die Auswahl
benutzerabhängig zu gestalten. Hierzu passen wir die Methode
create_add_button erneut an:

```
01    #erstellt Button, um neue Bilder hinzuzufügen
02    def create_add_button
03      add_button = RubyPhotoButton.new do |button|
04        button[:title] = 'neues Bild'
05        button[:x] = 230
06        button[:y] = 250
07      end
08
```

```
09    #Event, das ein neues Bild hinzufügt
10    add_button.bind('ButtonRelease-1') do
11      file_name = Tk.getOpenFile()
12      change_picture :to => file_name
13    end
14  end
```

In Zeile 11 haben wir mithilfe der Methode getOpenFile, welche die Klasse Tk bereitstellt, die Möglichkeit, einen Dateidialog zu öffnen und die Auswahl in eine Zeichenkette zu übertragen. Wenn wir diese Zeichenkette nun an unsere Methode change_picture übergeben, ändern wir dadurch das Vorschaubild:

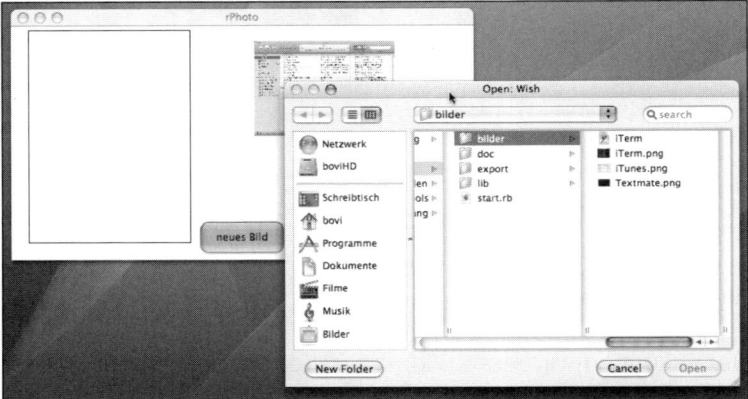

Abb. A4.2:   Dateidialog von rPhoto

Fotoliste

Nachdem wir Bilder gezielt auswählen und in unserer Vorschau anzeigen können, stellt sich nun die Aufgabe, diese Bilder auch in unsere Fotoliste aufzunehmen. Dazu müssen wir ähnlich wie bei der Bildvorschau auch unsere Bildliste in eine Objektvariable umwandeln. Dazu passen Sie in der Methode initialize die Referenz bei der Instanzbildung an:

```
01  @photo_list = create_photo_list
```

Um die Funktionalität der neuen Bilder zu kapseln, erstellen wir die Methode add_new:

```
01    #ein neues Foto der Liste hinzufügen
02    def add_new(param = {:picture => nil})
03      @photo_list.insert 'end', param[:picture]
04      change_picture :to => param[:picture]
05    end
```

In Zeile 3 greifen wir auf unsere Fotoliste zu und fügen mithilfe der Methode insert am Ende der Liste den Namen des neuen Bildes hinzu. In Zeile 4 rufen wir die bereits bekannte Methode change_picture auf, um das Vorschaubild anzupassen. Nun müssen wir eine Änderung in der Methode create_add_button durchführen:

```
01    #erstellt Button, um neue Bilder hinzuzufügen
02    def create_add_button
03      add_button = RubyPhotoButton.new do |button|
04        button[:title] = 'neues Bild'
05        button[:x] = 230
06        button[:y] = 250
07      end
08
09      #Event, das ein neues Bild hinzufügt
10      add_button.bind('ButtonRelease-1') do
11        file_name = Tk.getOpenFile()
12        add_new :picture => file_name
13      end
14    end
```

In Zeile 12 ändern wir nun nicht mehr direkt das Bild, sondern rufen die neue Methode add_new auf. Diese wird das Bild dann der Liste zuordnen und zusätzlich die Bildvorschau aktualisieren. Wenn wir das Programm nun starten, werden wir sehen, dass bei jeder Betätigung der *neues Bild*-Schaltfläche ein weiterer Eintrag in der Fotoliste entsteht:

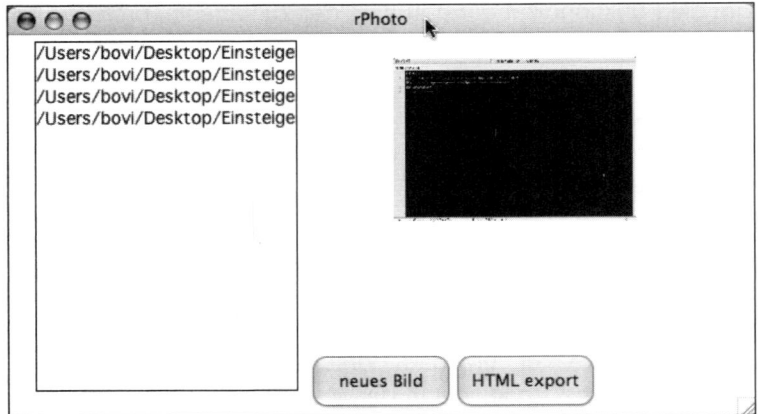

Abb. A4.3: **rPhoto mit gefüllter Fotoliste**

Scrollbar

Damit erkennen wir aber direkt ein Problem. Und zwar ist der Text, da er zu lang ist, nicht vollständig lesbar. Leider erstellt Tk nicht automatisch eine Scrollbar, wenn der Platz zu eng wird. Deshalb tun wir dies nun selber. Wir erstellen dazu eine Datei mit dem Namen scrollbar.rb im Ordner lib. Diese enthält zwei Klassen:

```
01  #eine horizontale Scrollbar, welche die Fotoliste
    scrollt
02  class RubyPhotoHorizontalScrollbar
03    def self.new
04      param = {}
05
06      yield param
07
08      #Scrollbar Instanz erstellen
09      scrollbar = TkScrollbar.new 'orient' => 'hor' do
10        command { |*args| param[:obj].xview *args }
11        place 'x' => 21, 'y' => 280, 'width' => 200
12      end
13
14      scrollbar.set(0, 0)
15
```

```
16      #setzt scrollbar an das Objekt
17      param[:obj].xscrollcommand do |first, last|
18        scrollbar.set(first, last)
19      end
20    end
21  end
22
23  #eine vertikale Scrollbar, welche die Fotoliste
    scrollt
24  class RubyPhotoVerticalScrollbar
25    def self.new
26      param = {}
27
28      yield param
29
30      #Scrollbar Instanz erstellen
31      scrollbar = TkScrollbar.new do
32        command { |*args| param[:obj].yview *args }
33        place 'x' => 5, 'y' => 5, 'height' => 275
34      end
35
36      scrollbar.set(0, 0)
37
38      #setzt Scrollbar an das Objekt
39      param[:obj].yscrollcommand do |first, last|
40        scrollbar.set(first, last)
41      end
42    end
43  end
```

Ab Zeile 2 bis 21 erstellen wir eine horizontale und von Zeile 24 bis 43 eine vertikale Scrollbar. Auch diesmal geben wir dem Anwender die Möglichkeit, das Element über einen Block zu parametrieren. In der Datei lib/rphoto.rb fügen wir nun zuerst den neuen require-Befehl hinzu:

```
01  require 'lib/scrollbar'
```

Anschließend erweitern wir die Methode create_photo_list:

```
01   #erstellt Fotoliste mit Scrollbars
02   def create_photo_list
03     #Fotoliste
04     photo_list = RubyPhotoList.new
05
06     #Vertikale Scrollbar für die Fotoliste
07     RubyPhotoVerticalScrollbar.new do |scrollbar|
08       scrollbar[:obj] = photo_list
09     end
10
11     #Horizontale Scrollbar für die Fotoliste
12     RubyPhotoHorizontalScrollbar.new do |scrollbar|
13       scrollbar[:obj] = photo_list
14     end
15
16     photo_list
17   end
```

In Zeile 7 bis 9 und 12 bis 14 konfigurieren wir jeweils unsere
Scrollbar. In Zeile 16 geben wir nun explizit unsere `photo_list`
als Rückgabewert an den Aufrufer zurück. Dies war nötig, da
unsere Listen-Instanzierung nicht mehr die letzte Anweisung
war. Wenn die Fotoliste nun zu viele Bilder enthält bzw. eine zu
breite Beschriftung hat, dann werden die Scrollbars sichtbar.

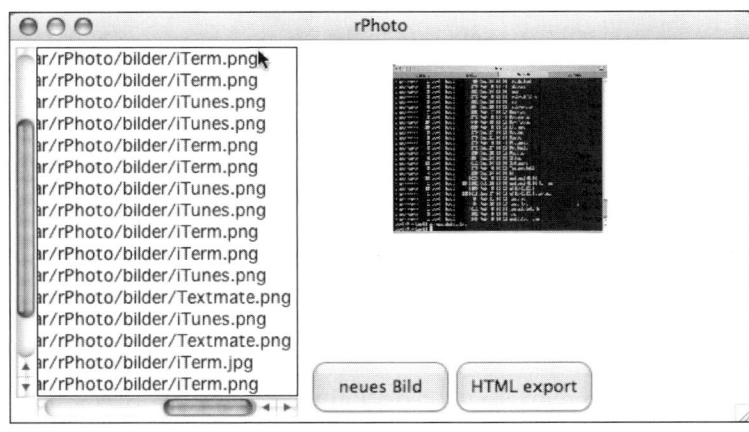

Abb. A4.4:   rPhoto mit Scrollbars

Der nächste Schritt besteht darin, mithilfe der Liste nun auch **Fotolisten** die Bildvorschau zu bestimmen. Dies bedeutet: Wenn ich auf **Klick-Event** ein anderes Bild in der Liste klicke, verändert sich die Vorschau auf das aktive Bild. Dazu müssen wir unserer Liste ein neues Event zuordnen.

```
01   #erstellt Fotoliste mit Scrollbars
02   def create_photo_list
03      #Fotoliste
04      photo_list = RubyPhotoList.new
05
06      #Vertikale Scrollbar für die Fotoliste
07      RubyPhotoVerticalScrollbar.new do |scrollbar|
08         scrollbar[:obj] = photo_list
09      end
10
11      #Horizontale Scrollbar für die Fotoliste
12      RubyPhotoHorizontalScrollbar.new do |scrollbar|
13         scrollbar[:obj] = photo_list
14      end
15
16      #dieses Klick -Event ändert das aktuelle Bild in der
     Vorschau
17      photo_list.bind('ButtonRelease-1') do
18         if photo_list.curselection.length > 0
19            file_name =
     photo_list.get(*photo_list.curselection)
20            change_picture :to => file_name
21         end
22      end
23   end
```

In Zeile 17 bis 22 haben wir nun der Fotoliste das Event ButtonRelease-1 zugeordnet. Ähnlich wie beim Button wird auch dieses Event dadurch ausgelöst, dass jemand auf die Liste klickt. In Zeile 18 prüfen wir, ob es überhaupt ein Element in der Liste gibt. Sollte dies nicht der Fall sein, so kann auch nix selektiert werden. Wenn es jedoch mindestens ein Element gibt, holen wir uns mithilfe der Methode curselection und get den entsprechenden Namen. `curselection` gibt dabei die Position des selektierten Elements aus. Da eine solche Liste jedoch auch die Möglichkeit bietet, mehrere Elemente zu selektieren, wird eine Liste zurückgegeben. Mittels des *-Operators vor einer solchen Liste kann die Liste aufgelöst werden. Dadurch wird an die Methode `get` nur der einzelne Wert übergeben. Die Methode `get` wiederum sucht anhand der Position den enthaltenen Wert. Diesen gibt sie dann als Rückgabewert zurück. Diesen Wert merken wir uns hinter der Referenz `file_name`, nun rufen wir die Methode `change_picture` auf und ändern das Vorschaubild. Und das war auch schon alles. Wenn Sie nun ein paar Bilder hinzufügen und dann durch Klicken ein anderes selektieren, wird sich die Vorschau ebenfalls anpassen.

Weiterhin könnte Ihnen aufgefallen sein, dass in diesem Codebeispiel die explizite Rückgabe von `photo_list` fehlt. Dies ist dadurch begründet, dass der letzte Ausdruck, der ausgeführt wird, also die Zuweisung des Events, die `photo_list` als Rückgabewert liefert. Damit ist der letzte Wert unserer Methode die `photo_list`.

Duplikatenprü-fung
Der für diesen Abschnitt letzte Schritt besteht in der Lösung eines unlogischen Verhaltens. Wenn wir im Moment mehrmals dasselbe Bild über den Dateidialog auswählen, so wird dieses Bild mehrmals der Liste hinzugefügt. Dies ist nicht unbedingt sinnvoll, deshalb werden wir uns nun mithilfe eines Hash sämtliche Fotos merken und beim Hinzufügen prüfen, ob eine bestimmte Datei schon existiert.

Zuerst initialisieren wir direkt im Konstruktor `initialize` einen Hash, der unsere Liste repräsentiert:

```
01   def initialize
02     #sämtliche Bilder sind hier hinterlegt
03     @photo_hash = {}
04
05     @photo_window = RubyPhotoWindow.new
```

```
06      @photo_list = create_photo_list
07
08      create_add_button
09      create_export_button
10
11      @photo_viewer = RubyPhotoPreview.new
12      photo_text = RubyPhotoTextbox.new
13    end
```

In Zeile 3 haben wir unseren neuen Hash initialisiert. Jetzt müssen wir diesen nutzen, um zu prüfen, ob ein Bild bereits hinzugefügt wurde oder nicht. Dazu ändern wir die Methode add_new: **Message Box**

```
01    #ein neues Foto der Liste hinzufügen
02    def add_new(param = {:picture => nil})
03     unless @photo_hash.has_key?(param[:picture])
04       @photo_list.insert 'end', param[:picture]
05       @photo_hash[param[:picture]] = param[:picture]
06       change_picture :to => param[:picture]
07     else
08       Tk.messageBox('icon' => 'warning', 'type' => 'ok',
09         'title' => 'Warnung',
10         'message' => 'Dieses Bild existiert bereits in der
      Liste')
11     end
12    end
```

In Zeile 3 prüfen wir mithilfe der Hash-Methode has_key, ob der entsprechende Name bereits im Hash enthalten ist. Sollte dies nicht der Fall sein, fügen wir in Zeile 5 diesen Wert der Hash-Liste hinzu. Damit wird beim nächsten Durchlauf mit diesem Namen der Ausdruck als nicht korrekt ausgewertet. Damit würde dann der else-Zweig abgearbeitet werden, der eine Hinweisbox öffnet, die den Hinweis anzeigt, dass das entsprechende Bild bereits in der Liste existiert. Eine solche Meldung könnte dann wie folgt aussehen:

Abb. A4.5: rPhoto mit Message Box

Damit haben wir diesen Abschnitt abgeschlossen. Unserem Programm können nun Bilder hinzugefügt werden, weiterhin sind diese Bilder auswählbar und als Vorschau verfügbar. Eine Duplikatenprüfung ist ebenfalls vorhanden.

A5 Bildinformationen speichern und exportieren

Die beiden letzten Funktionen, die unser Programm ebenfalls leisten soll, sind die Anzeige von Bildinformationen und der Export in das HTML-Format. Diese werden wir nun implementieren und damit unser Programm fürs Erste fertigstellen.

Eventuell ist Ihnen die Textbox, die sich unter der Vorschau befindet, noch gar nicht so richtig aufgefallen.

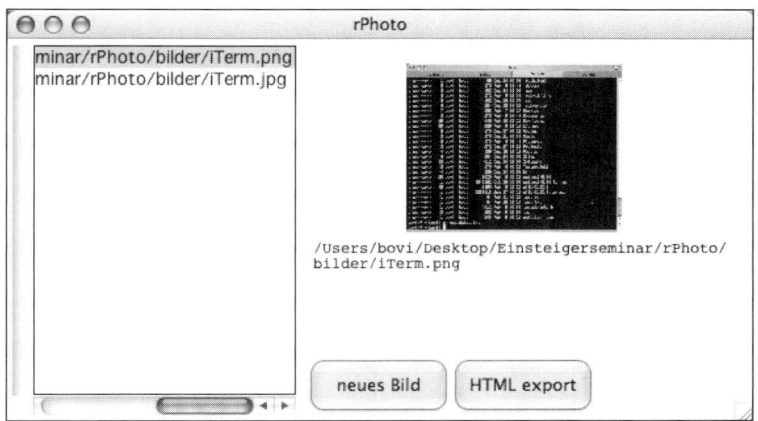

Abb. A5.1:   rPhoto mit Vorschaubild und Textbox

Diese Textbox soll dazu dienen, die Informationen zu einem Bild anzuzeigen. Weiterhin soll man über sie auch eine Änderung der Information durchführen können. Wenn Sie im Moment jedoch die Bilder wechseln, wird Ihnen immer der gleiche Text angezeigt. Dies wollen wir nun ändern. Da wir bereits einen Hash mit allen Namen der Fotos besitzen, können wir diesen auch gleich dazu verwenden, die Informationen zu einem Bild aufzunehmen. Wenn wir uns erneut die Methode add_new anschauen, werden wir sehen, dass diese bereits mit einem Wert versorgt wurde.

```
01  #ein neues Foto der Liste hinzufügen
02  def add_new(param = {:picture => nil})
03    unless @photo_hash.has_key?(param[:picture])
04      @photo_list.insert 'end', param[:picture]
05      @photo_hash[param[:picture]] = param[:picture]
06      change_picture :to => param[:picture]
07    else
08      Tk.messageBox('icon' => 'warning', 'type' => 'ok',
09        'title' => 'Warnung',
10        'message' => 'Dieses Bild existiert bereits in der
Liste')
11    end
12  end
```

Vorschaubild ändern

In Zeile 5 weisen wir dem aktuellen Bild in der Hash-Liste den eigenen Namen zu. Unser erster Schritt sollte also darin bestehen, diesen beim Hinzufügen eines neuen Bildes in die Textbox zu schreiben. Dazu erweitern wir die Methode change_picture um zwei Zeilen:

```
01  #ändert das aktuelle Vorschaubild
02  def change_picture(param = {:to => nil})
03    photo = TkPhotoImage.new { file param[:to] }
04    scale = photo.height / 110
05    @photo_viewer.blank
06    @photo_viewer.copy photo, 'subsample' => [scale,
scale]
07
08    @photo_text.delete('1.0', 'end')
09    @photo_text.insert('end', @photo_hash[param[:to]])
10  end
```

Textbox leeren

In Zeile 8 und 9 greifen wir auf die Textbox zu. Mithilfe von delete löschen wir sämtliche Zeichen vom Anfang der Textbox bis zum Ende. Mit insert fügen wir nun in die leere Textbox am Ende den Wert des Fotos ein. Damit dieser Code funktioniert, müssen wir aber zuerst noch in der Methode initialize die Referenz photo_text in eine Objektreferenz umwandeln.

```
01  @photo_text = RubyPhotoTextbox.new
```

Beim Hinzufügen eines Bildes wird nun die Textbox mit dem Namen des Bildes versorgt. Und da wir die Anpassung direkt in der Methode `change_picture` vorgenommen haben, wird beim Wechseln über die Fotoliste ebenfalls der entsprechende String geändert.

Bildinformation anzeigen

Abb. A5.2: rPhoto mit Vorschaubild und Bildinformation

So weit, so gut. Nun fehlt jedoch noch das Speichern der Bildinformationen. Wenn wir nämlich den Text ändern und dann durch Klicken auf ein anderes Bild wechseln, ist unser Text verloren. Wir müssen also bei bestimmten Ereignissen den aktuellen Text speichern. Um dies zu realisieren, setzen wir uns für den einfachen Zugriff einen Merker, welches Bild gerade aktuell ausgewählt ist. Dazu erweitern wir die Methode `initialize` um eine neue Objektvariable.

Bildinformation speichern

```
01   def initialize
02      #enthält das gerade sichtbare Foto
03      @current_photo = nil
04
05      #sämtliche Bilder sind hier hinterlegt
06      @photo_hash = {}
07
08      @photo_window = RubyPhotoWindow.new
```

```
09    @photo_list = create_photo_list
10
11    create_add_button
12    create_export_button
13
14    @photo_viewer = RubyPhotoPreview.new
15    @photo_text = RubyPhotoTextbox.new
16  end
```

In Zeile 3 ist unser neues Objekt. Wir initialisieren es der Sauberkeit halber mit `nil`. Dies ist keine Pflicht, jedoch guter Stil. In der Methode `change_picture` werden wir nun diesen Merker aktualisieren.

```
01  #ändert das aktuelle Vorschaubild
02  def change_picture(param = {:to => nil})
03    photo = TkPhotoImage.new { file param[:to] }
04    scale = photo.height / 110
05    @photo_viewer.blank
06    @photo_viewer.copy photo, 'subsample' => [scale,
      scale]
07
08    @current_photo = param[:to]
09    @photo_text.delete('1.0', 'end')
10    @photo_text.insert('end',
      @photo_hash[@current_photo])
11  end
```

In Zeile 8 merken wir uns den Namen des aktuellen Fotos in der Objektvariablen `@current_photo`. Um nun Werte zu speichern, erstellen wir uns eine Methode mit dem Namen `tmp_save`. Diese sichert den aktuellen Wert der Textbox im Hash für das aktuelle Foto.

```
01  #aktuelle Beschreibung des Bildes im temporären Hash
      speichern
02  def tmp_save
03    @photo_hash[@current_photo] = @photo_text.value
04  end
```

Ich habe die Methode deshalb `tmp_save` genannt, weil bisher jegliche Speicherung nur im Hauptspeicher stattfindet. Wenn

---

das Programm beendet wird, gehen alle Daten verloren. Die Daten sind also nur temporär verfügbar. In Zeile 3 lesen wir mithilfe der Methode `value` den aktuellen Inhalt aus der Textbox aus. Diesen speichern wir dann im Hash. Den Aufruf der Methode führen wir beim Wechseln eines Bildes durch. Dazu gehen wir zu der Methode `create_photo_list` und passen diese an.

```
01   #erstellt Fotoliste mit Scrollbars
02   def create_photo_list
03     #Fotoliste
04     photo_list = RubyPhotoList.new
05
06     #Vertikale Scrollbar für die Fotoliste
07     RubyPhotoVerticalScrollbar.new do |scrollbar|
08       scrollbar[:obj] = photo_list
09     end
10
11     #Horizontale Scrollbar für die Fotoliste
12     RubyPhotoHorizontalScrollbar.new do |scrollbar|
13       scrollbar[:obj] = photo_list
14     end
15
16     #dieses Klick Event ändert das aktuelle Bild in der
     Vorschau
17     photo_list.bind('ButtonRelease-1') do
18       if photo_list.curselection.length > 0
19         #bevor wir wechseln, merken wir uns die aktuelle
     Beschreibung
20         tmp_save
21         file_name =
     photo_list.get(*photo_list.curselection)
22         change_picture :to => file_name
23       end
24     end
25   end
```

Die Speicherung wird in Zeile 20 durchgeführt. Damit ist nun der Hash aktualisiert worden und die Textbox kann wieder überschrieben werden. Mit der funktionierenden Speicherung und dem gelungenen Wechsel der Bildinformationen beim Ändern eines Bildes sind wir nun in der Lage, die Daten zu exportieren.

Export

Bevor wir den Export implementieren, erst einmal ein kleiner Grundgedanke:

1 Zielort für den Export bestimmen

2 Struktur des Exports erstellen

3 Beziehungen der einzelnen Dateien analysieren

Als Zielort für den Export definieren wir den Ordner export im aktuellen Verzeichnis. Dieser soll, sofern er vorhanden ist, gelöscht werden und damit alle älteren Exporte entfernen. Anschließend wird die folgende Struktur aufgebaut:

Abb. A5.3: Verzeichnisstruktur des Exports

Im Verzeichnis export liegt für jedes einzelne Bild eine HTML-Datei. Dabei werden diese Dateien durchnummeriert, von 1 beginnend. Bei der Hauptseite handelt es sich um die index.html-Datei. Diese bietet eine Übersicht über alle Bilder. Schließlich liegen im Unterverzeichnis photos sämtliche exportierten Bilder. Auch diese wurden durchnummeriert mit Zahlen beginnend bei 1. Jede HTML-Datei, außer index.html, besitzt also ein Bild im Ordner photos, das die gleiche Zahl als Namen hat. Dabei kann sich jedoch die Dateiendung unterscheiden (abhängig vom Bildformat).

Der Workflow, mit dem wir den Export durchführen, sieht nun so aus:

Export-Workflow

1 Exportverzeichnis aufräumen

2 Alle Fotos in den Ordner photos kopieren und den Dateinamen dabei durchnummerieren.

3 Für jedes Foto wird eine eigene HTML-Seite erstellt. Diese werden ebenfalls durchnummeriert. Die Nummer der HTML-Datei ist dann exakt die gleiche wie die der Bilddatei.

4 Am Ende wird die Hauptseite erzeugt. Diese Datei mit dem Namen index.html besitzt jeweils einen Link zu jedem einzelnen Bild.

Um die Abarbeitung ein wenig zu strukturieren, erstellen wir für den Export vier Methoden:

■ export: Hauptmethode, arbeitet den gesamten Workflow durch.

■ cleanup: Räumt das Exportverzeichnis auf.

■ write_photo_page: Erstellt eine Seite für ein bestimmtes Bild.

■ write_index: Erstellt die Hauptseite.

Fangen wir mit der Methode export an:

Methode »export«

```
01   #exportiert die Bilder
02   def export
03     cleanup
04
05     #enthält später die Vorschau für die einzelnen Bilder
   mit einem Link
06     preview = ''
07     page_counter = 1
```

```
08    site_count = @photo_hash.length
09
10    #jedes Bild wird jetzt abgearbeitet.
11    #- wir kopieren es in das Exportverzeichnis
12    #- wir erstellen eine neue Seite im Exportverzeichnis
13    #- wir fügen dem preview-String eine Vorschau mit
Link hinzu
14    @photo_hash.each do |file_name, file_desc|
15      name_match = File.basename(file_name).match(/
(.*)\.([\w]{1,4})$/)
16      page_name = name_match[1]
17      suffix_name = name_match[2]
18
19      new_photo_path = "./export/photos/
#{page_counter}.#{suffix_name}"
20      new_photo_page = "./export/#{page_counter}.html"
21
22      #Bild kopieren
23      cp file_name, new_photo_path
24
25      write_photo_page :page_name => page_name,
:page_counter => page_counter,
26        :new_photo_page => new_photo_page, :site_count =>
site_count,
27        :file_desc => file_desc, :suffix_name =>
suffix_name
28
29      #Vorschau-Link hinzufügen
30      preview.concat <<-HTML
31      <tr>
32        <td align="center" width="100%">
33          <a href="#{page_counter}.html">
34            <img height="193" width="240" src="photos/
#{page_counter}.#{suffix_name}">
35          </a>
36        </td>
37      </tr>
38      HTML
39
40      page_counter += 1
```

```
41    end
42
43    #den HTML-Index schreiben
44    write_index :with => preview
45  end
```

Diese Methode steuert den gesamten Exportverlauf. Es wird aufgeräumt und anschließend für jedes Bild eine Datei erstellt. Danach wird die Hauptseite aufgebaut.

- In Zeile 3 führen wir die Säuberung des Exportverzeichnisses durch.

- Ab Zeile 14 bis 41 verläuft der Codeblock, der für jedes einzelne Bild aufgerufen wird.

- Die Zeilen 15 bis 17 erstellen anhand des Bildnamens das Suffix und den Seitennamen. Beim Suffix handelt es sich um die Dateiendung. Der Seitenname ist der ursprüngliche Dateiname des Bildes.

- In Zeile 19 und 20 erstellen wir die jeweiligen Dateipfade. Hinter der Referenz new_photo_path versteckt sich der neue Pfad des Bildes. Die Referenz new_photo_page enthält den Pfad zur HTML-Datei, die diesem Bild zugeordnet ist.

- In Zeile 23 kopieren wir das Originalbild in das neue Verzeichnis unter dem neuen Namen. Beachten Sie, dass der Befehl cp aus dem Modul FileUtils stammt. In Kürze werde ich Ihnen zeigen, wie Sie dieses Modul einbinden.

- Zeile 25 erstellt mithilfe der Methode write_photo_page die HTML-Seite für das aktuelle Bild. Die Methode wird mit allen wichtigen Informationen versorgt.

- In Zeile 30 erweitern wir den preview-String. Dies wird später der Inhalt der Hauptseite sein. Jedes Bild hinterlässt hierbei einen Link zu der speziellen Bild-HTML-Datei. Die Zeichenketten werden einfach an den vorhandenen String konkatiniert.

■ Die Hauptseite (index.html) wird in Zeile 44 mithilfe der Methode write_index geschrieben. Dieser Methode übergeben wir den von allen Bildern mit generierten preview-String. Dieser enthält von jedem Bild eine Vorschau mit passendem Link.

Methode »cleanup«

Eine etwas trivialere Methode ist cleanup. Diese sorgt dafür, dass das Exportverzeichnis in einem fest definierten Zustand ist.

```
01   #räumt im Exportverzeichnis auf
02   def cleanup
03     #ursprüngliches Verzeichnis löschen
04     rm_rf './export'
05
06     #Struktur anlegen
07     mkdir './export'
08     mkdir './export/photos'
09   end
```

Mithilfe des Befehls rm_rf löschen wir das Exportverzeichnis mit seinem gesamten Inhalt. Sollte es nicht vorhanden sein, so macht dies nichts. Dieser Befehl wirft in einem solchen Fall keinen Fehler aus. Die mkdir-Befehle in Zeile 7 und 8 erzeugen die benötigten Verzeichnisse.

Methode »write_photo_page«

Wie bereits erwähnt, besitzt jede Fotodatei eine zugeordnete HTML-Datei. Diese Datei wird mithilfe der Methode write_photo_page erstellt.

```
01   #erzeugt eine Fotoseite
02   #- enthält in bestimmten Fällen drei Links
03   #  - zur Index-Seite
04   #  - zur vorherigen Seite (sofern vorhanden)
05   #  - zur nächsten Seite (sofern vorhanden)
06   #- enthält das eigentliche Bild
07   #- enthält eine Beschreibung für das Bild
08   def write_photo_page(params = {:page_name => nil,
        :page_counter => nil,
09                                  :new_photo_page => nil,
```

```
       :site_count => nil,
10                                        :file_desc => nil,
       :suffix_name => nil})
11     File.open(params[:new_photo_page], "w+") do |page|
12       page.puts <<-HTML
13       <!DOCTYPE HTML PUBLIC "-//W3C//DTD HTML 4.01
     Transitional//EN">
14       <html>
15         <head>
16           <meta http-equiv="Content-Type" content="text/
     html; charset=utf-8">
17           <title>#{params[:page_name]}</title>
18         </head>
19         <body bgcolor="#ffffff" text="#000000">
20           <br><br>
21           #{if params[:page_counter] > 1
22               "<A HREF=\"#{params[:page_counter] -
     1}.html\"><-- Zurück</A>"
23             end}
24
25             
26           <A HREF="index.html">Übersicht</A>
27             
28           #{if params[:page_counter] <
     params[:site_count]
29               "<A HREF=\"#{params[:page_counter] +
     1}.html\">Weiter --></A>"
30             end}
31           <br><br>
32           <span>#{params[:file_desc].gsub('&',
     '&amp;').gsub('<', '&lt;')}</span>
33           <br>
34           <img src="photos/
     #{params[:page_counter]}.#{params[:suffix_name]}">
35         </body>
36       </html>
37       HTML
38     end
39 end
```

In Zeile 11 öffnen wir die neue Datei. Sie wird mithilfe des zweiten Parameters "w+" erstellt. Nun schreiben wir mit einem langen Here Document von Zeile 12 bis Zeile 37 unsere Seite in die Datei. Bei einem Here Document handelt es sich, wie bereits im entsprechenden Kapitel erwähnt, um eine Darstellung einer Zeichenkette. In dieser können wir u.a. auch Objekte einfügen. So z.B. in Zeile 17 den Seitentitel. In Zeile 21 bis 23 und 28 bis 30 erstellen wir eine Navigation. Sollte es sich bei einem Bild um das erste handeln, so besitzt es keinen *Zurück*-Link, andernfalls wird einer erstellt. Eine ähnliche Logik wurde für den *Weiter*-Link implementiert. Das eigentliche Foto mit Beschriftung finden wir in Zeile 32 und 34. In Zeile 32 schreiben wir die Beschriftung in das Dokument. Dabei wandeln wir die in HTML störenden Zeichen in akzeptable um. In Zeile 34 binden wir unser Bild ein.

Methode »write_index«

Die letzte Methode heißt write_index und schreibt die Hauptseite des Exports.

```
01    #Index-HTMLDatei erstellen (enthält Vorschau und Links
      zu Bilddateien)
02    def write_index param = {:with => nil}
03      File.open("./export/index.html", "w+") do |index|
04        index.puts <<-HTML
05        <!DOCTYPE HTML PUBLIC "-//W3C//DTD HTML 4.01
      Transitional//EN">
06        <html>
07          <head>
08            <meta http-equiv="Content-Type" content="text/
      html; charset=utf-8">
09            <title>rPhoto Fotoarchiv</title>
10          </head>
11          <body bgcolor="#ffffff" text="#000000">
12            <h2 align="center">rPhoto Fotoarchiv</h2>
13            <table cellspacing="2" cellpadding="2"
      width="100%">
14                #{param[:with]}
15            </table>
16          </body>
```

```
17        </html>
18        HTML
19     end
20   end
```

In Zeile 3 öffnen wir diesmal die `index.html` zum Schreiben. Auch diese befüllen wir mit einem etwas längeren Here Document. In Zeile 14 fügen wir die entsprechende Vorschau für sämtliche Bilder ein. Diese wurde bereits in der Methode `export` erzeugt.

Zu guter Letzt müssen wir noch das `FileUtils`-Modul laden. Dieses bringt die bekannten Methoden `cp`, `rm_rf` und `mkdir` mit. Ohne dieses Modul wird der Export nicht funktionieren. Fügen Sie dazu als Erstes einen neuen `require`-Befehl in die Datei `lib/rphoto.rb` ein.

Dateiverarbeitung mit FileUtils

```
01   require 'fileutils'
```

Danach müssen Sie noch das Modul in die Klasse `RubyPhoto` einbinden. Dies können Sie mit dem Befehl `include` durchführen.

```
01   class RubyPhoto
02     include FileUtils
03
04     ...
```

Mit diesem Code haben wir unsere Exportfunktion implementiert. In der Methode `create_export_button` erstellen wir nun ein Event, das beim Klick auf den Export-Button das Exportieren startet.

```
01   #erstellt Button, um HTML-Export durchzuführen
02   def create_export_button
03     export_button = RubyPhotoButton.new do |button|
04       button[:title] = 'HTML export'
05       button[:x] = 340
06       button[:y] = 250
07     end
08
09     #Event, das den HTML-Export startet
```

```
10    export_button.bind('ButtonRelease-1') do
11      tmp_save
12      export
13    end
14  end
```

Ab Zeile 10 bis 13 haben wir unser Event definiert. Bevor wir den Export in Zeile 12 jedoch starten, speichern wir die Daten noch mal.

Ansicht des Exports

Damit sind wir fertig. Wenn wir unseren Export durchgeführt haben, wird ein neues Verzeichnis mit dem Namen export erstellt. In diesem befindet sich dann neben der index.html-Datei für jedes Ihrer Bilder eine eigene HTML-Datei. Die index.html sieht bei mir so aus:

Abb. A5.4:   Fotogalerie enthält Vorschau und Link von allen Bildern

Nach einem Klick auf eines der Bilder erhalte ich die Detailseite eines jeden Bildes. Diese besitzt die Bildinformation und das Bild selbst. Weiterhin gibt es eine Navigation:

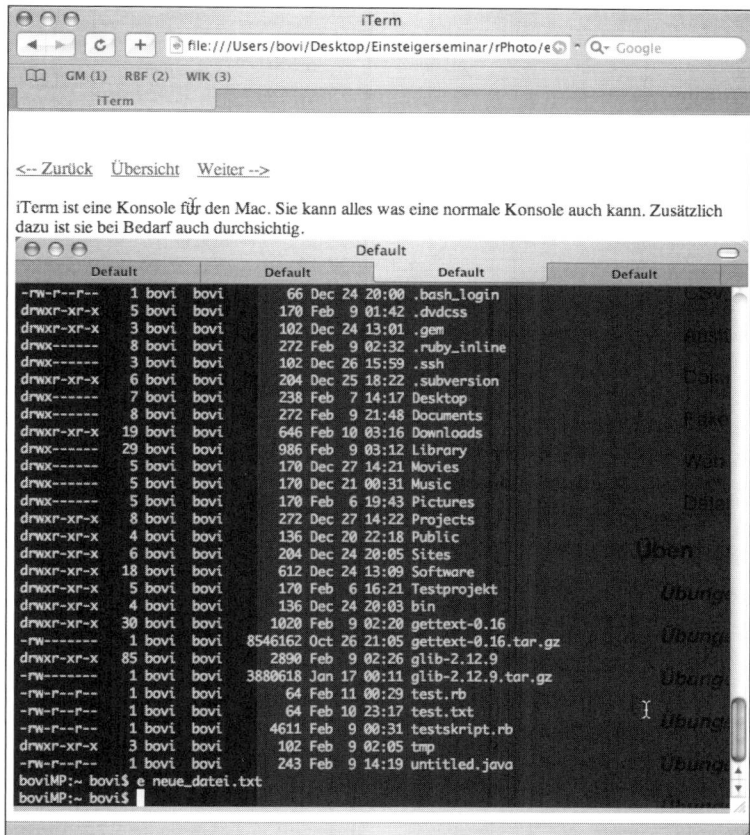

Abb. A5.5: Detailansicht eines Bildes mit Bildinformation

Das fertige Programm

Stolz können wir nun noch einmal unsere gesamte Applikation in voller Pracht begutachten:

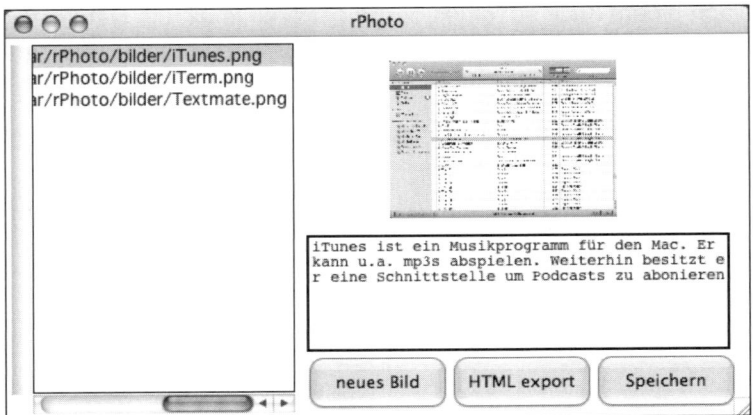

Abb. A5.6:   Das fertige Programm rPhoto

Wir haben eine grafische Ruby-Anwendung geschrieben, die es uns ermöglicht, Bilder temporär zu speichern. Diese können wir mithilfe einer Vorschau betrachten und nähere Informationen in einer Textbox hinterlegen. Bei Bedarf erzeugt unser Programm aus diesen gesamten Informationen eine Ansammlung von HTML-Dateien, durch die wir mithilfe unseres Browsers wie durch eine Internetseite navigieren können. Im nächsten Kapitel finden Sie einige Anregungen, auf welche Weise Sie das Programm selbstständig erweitern können.

A6 So könnte es weitergehen

Nachdem Sie nun Ihre Fotos beschriften und exportieren können, werden Sie wohl keine weiteren Wünsche mehr offen
haben, oder? Na, ich denke, dass das eine oder andere dem
Programm noch fehlt.

Persistent speichern

Unter einer persistenten Speicherung versteht man das Sichern
von Daten über die Laufzeit eines Programms hinaus. Stellen
Sie sich vor, Sie hätten eine YAML- oder XML-Datei, in der Sie
die Beschriftungen und Pfade der Bilder hinterlegen. So könnten Sie alle Bilder mit den entsprechenden Beschriftungen
abspeichern und beim nächsten Mal dort weiterarbeiten. Man
könnte dies auch mit einer kleinen Datenbank realisieren. Informationen, um diese zu realisieren, finden Sie in den Kapiteln
»Programme und Bibliothelen« und »Datenbanken«.

Die Vorschau optimieren

Eventuell ist es Ihnen aufgefallen: Die Vorschaubilder sehen mit
den jetzigen Implementierungen nicht besonders schön aus.
Woran liegt das? Nun, im Moment verwenden wir für die verkleinerten Bilder keinerlei Skalierung. Wir verkleinern die Bilder
einfach auf eine fixe Größe. Wenn Sie jedoch eine Grafikbiblio-
thek wie *RMagick* verwenden würden, könnten Sie für diese
kleinen Varianten eigene Bilder erstellen. Solche verkleinerten
Vorschaubilder nennen sich übrigens *Thumbnails* und haben
noch einen weiteren riesigen Vorteil. Sie sind nicht nur von der
Dimension her kleiner, auch die Dateigröße wird reduziert.
Wenn Sie Ihre Bilder im Internet zur Verfügung stellen und sehr
große Bilder von Ihrer 30-Megapixel-Digitalkamera verwenden,
werden sehr viele Ihrer Besucher Ihre Seite sehr schnell wieder

verlassen, weil das Laden so lange dauert. Wenn Sie nun bereits die Bilder von der Dateigröße her reduziert haben, wird das erste Laden stark beschleunigt. Damit kann sich jeder Besucher für bestimmte Bilder entscheiden und diese bei Bedarf wieder in voller Auflösung anschauen. Informationen zu RMagick finden Sie bei Rubyforge unter *http://rmagick.ruby-forge.org/*.

Export nach PDF

Haben Sie genug von HTML und Ihrem Browser? Dann versuchen Sie sich doch mal an einem anderen Exportformat. Wie wäre es z.B. mit *PDF*. Das *Portable Document Format* ist weit verbreitet und im Besonderen für den Druck optimiert. Wenn Sie also aus Ihrer Applikation heraus ein Fotobuch erstellen und anschließend ausdrucken wollen, so ist PDF dann die bessere Wahl. Bibliotheken für Ruby, die mit PDF umgehen können, finden Sie auf Rubyforge, so z.B. das weit verbreitete PDF:Writer (*http://rubyforge.org/projects/ruby-pdf/*).

Schnittstelle zu Flickr

Wenn Sie oft im Internet unterwegs sind, dann kennen Sie bestimmt die Fotoseite *Flickr*. Auf dieser finden Sie Tausende, wenn nicht sogar Millionen von Bildern, die von vielen unterschiedlichen Leuten ins Internet gestellt wurden. Da Flickr einen Webservice bereitstellt, mit dem Sie auf die Bildinformationen zugreifen können, wäre es auch denkbar, eine Schnittstelle zu dieser Webseite in dem Programm zu realisieren. Es gibt bereits unter *http://premshree.seacrow.com/code/ruby/flickr-ruby* eine erste Implementierung, die Ihnen den direkten Zugriff auf Flickr ermöglicht. Mit ein paar Experimenten und ein wenig Fantasie, was man von Flickr auslesen und in rPhoto einbinden könnte, sollten sich ein paar tolle Dinge realisieren lassen.

Upload für die eigene Homepage

Eine eigene Website zu besitzen, ist eine schöne und besonders einfache Sache. Darauf dann auch sinnvolle Informationen darzustellen, eine ganz andere. Wie wäre es denn, wenn Sie Ihre Bilder direkt nach dem Export auf Ihre Webseite übertragen? Wenn Sie einen FTP-Zugang haben, können Sie innerhalb der Standardbibliothek von Ruby die Klasse Net::FTP verwenden. Weitere Dokumentationen hierzu finden Sie unter *http://www.ruby-doc.org/stdlib/libdoc/net/ftp/rdoc/index.html*.

Anhang

Installation von Ruby 1.8

Voraussetzungen

Um Ruby zu installieren und zu nutzen, benötigen Sie die folgenden drei Basiskomponenten:

- ein Betriebssystem, das grundlegend POSIX-kompatibel ist

- einen Editor, um Textdateien anzulegen und zu editieren

- Zugang zu einer Shell (Eingabeaufforderung)

Den ersten Punkt sollten Sie ohne Probleme erfüllen können, wenn Sie ein Betriebssystem wie Mac OS X, LINUX oder Windows (NT/2000/XP) verwenden. Aber auch eher unbekannte oder selten verwendete Systeme wie BeOS, FreeBSD oder DOS sind grundsätzlich in der Lage, Ruby auszuführen. Es gibt sogar Portierungen auf PDAs wie das Nokia 770 oder den iPAQ von HP. Dies sind jedoch Spezialbereiche, die nur zeigen, dass Ruby unglaublich portabel ist.

Wenn Sie Ruby programmieren wollen, müssen Sie selbstverständlich Code schreiben. Dazu können Sie grundsätzlich jeden beliebigen Editor verwenden (jedes Betriebssystem bringt standardmäßig einen solchen mit). Mit der Zeit wird es sich für Sie jedoch als effektiver erweisen, ein Programm zu verwenden, das bestimmte Features direkt für Ruby bereitstellt. So gibt es für viele Editoren die Möglichkeit der Syntaxhervorhebung, die es Ihnen erleichtert, Ruby-Quelltext zu lesen, da die wichtigsten Schlüsselwörter und Syntaxelemente mit bestimmten Farben markiert werden. Weiterhin bieten einige Editoren zusätzlich die Möglichkeit, den von Ihnen geschriebenen Quelltext schrittweise zu analysieren (debuggen).

Entwicklungsumgebungen

Ein Programm, das in Ruby geschrieben wurde, wird normalerweise direkt auf der Kommandozeile ausgeführt. Hierzu stehen Ihnen nach der Installation zwei Programme zur Verfügung. Sollten Sie Mac OS X oder LINUX verwenden, sollte die Verwendung dieser Kommandozeile nicht Neues sein. Als Windows-Benutzer können Sie die Eingabeaufforderung verwenden. Sollte sich die Verwendung für Sie als nicht praktisch erweisen, so können Sie auch einen entsprechenden Editor wählen, der über eine eigene Konsolenschnittstelle verfügt, um den Code an die entsprechenden Tools zu senden.

Im Folgendem finden Sie für die wichtigsten Betriebssysteme eine kurze Beschreibung der Installation.

Unter Mac OS X

Als Mac-Benutzer haben Sie es selbstverständlich wie immer am besten. Denn eine jede Mac-Installation bringt innerhalb der Developer Tools bereits eine komplette UNIX-Entwicklungsumgebung mit. In dieser ist der Ruby Interpreter bereits integriert. Sollten Sie dennoch den Wunsch haben, selbst Hand anzulegen, so können Sie mithilfe des Paketmanagers Fink (*http:// fink.sourceforge.net/*) eine andere Ruby-Version installieren. Da Sie durch die UNIX-Entwicklungsumgebung auf Programme wie make, bison und gcc zugreifen können, steht es Ihnen frei, auch die aktuellste Version von Ruby direkt vom Quelltext zu übersetzen.

Unter GNU Linux

Da es keinen einheitlichen Weg bei einem GNU-Linux-System gibt, ein Programm zu installieren, unterscheiden sich von Distribution zu Distribution die benötigten Schritte. Sie können selbstverständlich statt des distributionseigenen Paketmanagers auch eine eigene Installation über den Quelltext durchführen.

Debian

Bei der Distribution *Debian* können Sie mithilfe des Paketmanagers *apt-get* eine auf das System angepasste Version von Ruby installieren. Beachten Sie jedoch, dass die meisten Installationspakete von Debian nicht den aktuellen Stand der Entwicklung widerspiegeln, sondern es sich vielmehr um die stabilste verfügbare Version handelt. Sollten Sie auf hochgradig neue Funktion von Ruby zugreifen wollen, müssen Sie im Notfall eine Installation über den Quelltext durchführen.

```
apt-get install ruby1.8 irb1.8 rdoc1.8
```

Neben Debian gibt es noch einige andere Systeme, die den Paketmanager apt-get verwenden, so z.B. Ubuntu. Die Verwendung ist bei diesen ähnlich oder sogar die gleiche.

Gentoo

Bei *Gentoo* handelt es sich um eine sehr anspruchsvolle Distribution, die, im Gegensatz zu anderen, nicht auf vordefinierte Pakete setzt, sondern eine automatisierte Installationsanleitung bereitstellt, die sich mit dem Programm *emerge* ausführen lassen. So können Sie mit dem folgenden Befehl die aktuellste Version von Ruby aus den Quelltexten erstellen.

```
emerge ruby
```

Suse

Der bei Suse mitgelieferte Installationsassistent *yast* hilft Ihnen bei der Installation von Ruby. Diese gestaltet sich wie bei jedem anderen Paket sehr einfach.

Unter MS Windows

Für MS Windows existiert der One-Click-Installer, den Sie über RubyForge unter *http://rubyforge.org/projects/rubyinstaller/* beziehen können. Dieser ermöglicht eine einfache Installation von

Ruby mithilfe eines Standard-Setup-Programms. Sollten Sie an einer Ruby-Version interessiert sein, für die es keinen Installer gibt, so bleibt Ihnen ebenfalls nichts anderes übrig, als den Quelltext auf Ihrer Maschine zu kompilieren. Beachten Sie jedoch, dass dieser Vorgang unter einer normalen Windows-Umgebung beliebig komplex werden kann. Sollten Sie eine UNIX-Umgebung wie cygwin oder MinGW verwenden, so steht einer Übersetzung jedoch nichts im Wege.

Direkt vom Quelltext

Sollten Sie ein System verwenden, für das nicht standardmäßig ein fertiges Paket zur Verfügung steht, müssen Sie sich mithilfe des Quelltextes eine eigene Version von Ruby erstellen. Die letzte stabile Version des Quelltextes erhalten Sie auf der RubyForge-Seite *http://rubyforge.org/projects/ruby/.* Mithilfe einer UNIX-Umgebung und einigen Standardtools wie make, bison und gcc können Sie wie folgt den Ruby-Quelltext überset-zen und kompilieren.

```
./configure
make
make install
```

Um einige zusätzliche Funktionen, wie z.B. irb, im vollen Funkti-onsumfang zu nutzen, benötigen Sie die readline-Bibliothek. Das nicht Vorhandensein dieser Bibliothek ist einer der häufigs-ten Fehler beim Kompilieren von Ruby. Sie bemerken das Feh-len entweder anhand der configure-Ausgaben oder bei der Benutzung von irb daran, dass einige Standard-Cursortasten nicht funktionieren.

Ruby ausführen

Nachdem Sie Ruby nun auf Ihrer Plattform korrekt installiert haben, geht es daran, Programme mithilfe des Interpreters und der irb auszuführen.

Interpreter

Das wichtigste Programm bei Ihrer Ruby-Installation heißt selbst auch *ruby*. Es handelt sich hierbei um den Interpreter, der in verschiedenen Modi gestartet werden kann und Ruby-Quelltext ausführt. Nachdem Sie Ruby installiert haben, besitzen Sie die Möglichkeit, über den Befehl `ruby` den Interpreter zu starten. Standardmäßig arbeitet dieses Programm mit zusätzlichen Dateien. Sie müssen also beim Aufruf von `ruby` ein Programm übergeben. Sollten Sie z.B. eine Ruby-Quelltext-Datei mit dem Namen `test.rb` und dem folgenden Inhalt besitzen:

```
#Dies ist eine Ruby-Datei
puts "Hallo Welt"
```

können Sie mit der Kommandozeile und dem folgenden Befehl das Programm ausführen:

```
ruby test.rb
```

Mit dieser Methode können Sie sämtlichen Quelltext, den Sie in diesem Buch finden, ablaufen lassen.

irb

Ein weiteres sehr nützliches Programm nennt sich *irb*. Dabei handelt es sich um einen interaktiven Ruby Interpreter. Mit diesem haben Sie die Möglichkeit, direkt einzelne Anweisungen an den Interpreter zu senden. Weiterhin erhalten Sie zusätzliche Informationen darüber, welcher Ausdruck was zurückgibt. Mithilfe der Dynamik von Ruby können Sie auch jederzeit herausfinden, welche Objekte Sie bereits initialisiert haben und welche Fähigkeiten und Werte diese Objekte besitzen. Da sich diese Umgebung als sehr nützlich beim Lernen und Testen von Ruby-Code erwiesen hat, ist es sicherlich sehr effektiv, beim Durcharbeiten dieses Buches die IRB-Kommandozeile zum schnellen Ausprobieren immer offen zu halten.

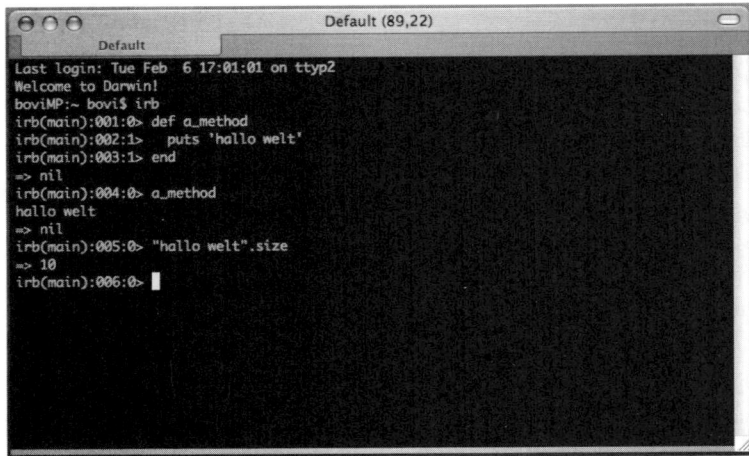

Abb. A.1: irb – die interaktive Ruby-Shell

Installation von RubyGems

Bei *RubyGems* handelt es sich um einen Paketmanager für Ruby-Bibliotheken und -Programme. Mit diesem Manager ist es möglich, Pakete kontrolliert zu installieren und zu deinstallieren. Mithilfe von Versionsnummern eines Pakets ist es ebenfalls möglich, mehrere Versionen ein und desselben Programms auf dem eigenen Rechner zu besitzen. RubyGems selbst erhalten Sie auf RubyForge unter *http://rubyforge.org/projects/ruby-gems/*. Nachdem Sie das Programm heruntergeladen und entpackt haben, können Sie mit dem folgenden Kommando die Installation starten. Beachten Sie, dass Sie bereits Ruby installiert haben müssen, damit die Installation gelingt.

```
ruby setup.rb
```

Anschließend haben Sie auf der Kommandozeile die Möglichkeit, auf das Programm gem zuzugreifen.

Glossar

Möglichkeit, auf fehlerhafte Verarbeitungen nach einem Fehler-
fall zu reagieren. Es werden innerhalb von Ruby während der
Verarbeitung bei einem entsprechenden Fehler Exceptions
ausgelöst. Diese können mithilfe von Ausnahmebehandlungen
aufgefangen und weiterverarbeitet werden. Eine solche Excep-
tion kann auch direkt vom Entwickler erzeugt werden. Damit
besteht die Möglichkeit, bestimmte Verarbeitungen aufgrund
von z.B. fehlerhaften Eingaben vorzeitig zu beenden und den
Aufrufer über die weitere Verarbeitung entscheiden zu lassen.

**Ausnahme-
behandlungen**

Sind abgeschlossene Codestücke, die eine bestimmte Funktionalität erfüllen. Sie entfalten ihre Mächtigkeit in Ruby dadurch,
dass sie an viele unterschiedliche Methoden angehängt werden
können und so ein kontextbezogenes Verarbeiten von Daten
ermöglichen. Weiterhin besteht die Möglichkeit, in seinen eigenen Methoden Codeblöcke zu verarbeiten.

Blöcke

Programme zur Strukturierung von massiven Datenbeständen.
Diese bieten hochoptimierte Funktionalitäten zum Anlegen,
Bearbeiten, Auslesen und Löschen von Datensätzen. Dabei ist
im Besonderem die Suchfunktion ein sehr kritisches Leistungs-
merkmal. In diesem Kontext ist die Abfragesprache SQL ein
zentraler Bestandteil.

Datenbanken

Spezifikation für eine bestimmte Struktur innerhalb einer Datei.
Damit ist es möglich, Informationen zu fixieren und zu einem
späteren Zeitpunkt wieder auszulesen. Weiterhin wird mithilfe
von einheitlichen Formaten eine plattformübergreifende Arbeit
erst ermöglicht, indem mithilfe von Exportfunktionalitäten Daten
erstellt werden, die sich in einem auf der Zielplattform nutzba-
ren Datenformat befinden.

Datenformat

Ist ein Programm, das einen Entwickler bei der Erstellung von
Software mit den unterschiedlichsten Features unterstützt.
Dabei ist eine vollständige Integration angestrebt, sodass eine
Ausführung, Erstellung, Analyse und Verwaltung von Program-

**Entwicklungs-
umgebungen**

men aus einem einzigen Programm heraus durchgeführt werden kann.

Interpretation Unter Interpretation versteht man die Verarbeitung von Quelltext mithilfe eines Programms. Es wird dazu ein Eingabetext erzeugt, der an den Interpreter gesendet wird. Dieser Eingabetext besitzt eine exakt definierte Struktur, die vom Interpreter abgearbeitet und ausgeführt wird. Im Gegensatz zum Übersetzungsvorgang ist bei der Interpretation keine vorherige Vorbearbeitung des Quelltextes notwendig.

Iteratoren Ein optimierter Schleifentyp, der in Ruby eine zentrale Bedeutung einnimmt. Statt von außen mittels eigener Zähler über eine Struktur zu iterieren, stellt der Iterator die Logik einer kompletten Schleifenimplementierung versteckt zur Verfügung. Damit muss sich der Entwickler nicht mit der zu iterierenden Struktur auseinandersetzen, sondern kann von außen Schritt für Schritt auf die einzelnen Elemente zugreifen.

Klassen Zentrales Konzept der Objektorientierung. Mit diesen ist es möglich, Baupläne für Objekte zu erstellen. Ein solcher Bauplan vereint Funktionen und Informationen und bietet die Möglichkeit zur Reproduzierung dieser Strukturen.

Kontroll-strukturen Sorgen für einen bedingten Ablauf eines Programms. Quelltextbereiche können mit diesen übersprungen oder wiederholt werden. In diesem Zusammenhang sind auch boolesche Operationen zu nennen, die als Grundlage für die notwendigen Bedingungen herangezogen werden.

Methoden Gekapselte Funktionalitäten, die allein, in Form von Sammlungen in Methoden oder gekapselt innerhalb von Klassen auftreten können. Hiermit ist es für den Entwickler möglich, wiederkehrende Aufgaben schnell und sicher abarbeiten zu lassen. Durch Parametrierung einer solchen Methode entfaltet sich die Mächtigkeit von Methoden erst richtig.

Module Sammlungen von Ruby-Quelltexte-Elementen, die als Bündel in andere Objekte eingefügt werden können. In Ruby wird dieses Konzept auch Mixin genannt und dient gleichzeitig der Struktu-

rierung von Quelltext, ähnlich der Namespaces in anderen
Sprachen.

Ein Paradigma, um die Datenkapselung in Programmen und die **Objekt-**
damit einhergehende Wiederverwendbarkeit von Programmtei- **orientierung**
len zu fördern.

Dient der kontrollierten Installation und Deinstallation von Pro- **Paketmanager**
grammen und Bibliotheken. Diese Pakete können bestimmte
Abhängigkeiten definieren, die vom Paketmanager aufgelöst
werden.

Um Quelltext besser lesen zu können, stellen einige Editoren **Syntax-**
die Möglichkeit bereit, besondere Schlüsselwörter und Codebe- **hervorhebung**
reiche in bestimmten Farben zu markieren. Damit kann z.B.
sofort erkannt werden, ob es sich bei einer Codezeile um einen
Kommentar oder einen String handelt.

Der Typ oder die Typisierung eines Objekts findet im Gegen- **Typen**
satz zu anderen Sprachen in Ruby nicht statisch statt. Damit ist
das Wort »Typ« nicht fix in Ruby definierbar. Eine mögliche
Definition wäre, die jeweils aktuelle Methodensignatur eines
Objekts als den Typ zu bezeichnen. Dies hat im Bereich des
Duck Typings eine sehr große Bedeutung.

Eine Ansammlung von Zeichen, die zusammengekettet Wörter, **Zeichenketten**
Sätze und ganze Bücher ergeben können. Von Zeichenketten
redet man in Ruby, wenn man den Datentyp String verwendet.

Index